Kalle Kniivilä

**Krimeo estas nia**
Reveno de la imperio

*Du homoj kun malsamaj interesoj misiris en la montaro. Unu diras, ke oni iru okcidenten, la alia diras ne, oni iru orienten. Mankas mapo, neniu scias, kiu direkto pli bonas. Kien vi do iros, se vi ne interkonsentos? Nenien. Vi sidos tie ĝis vi mortos pro frosto aŭ malsato. Oni devas elekti la vojon. Necesas partio aŭ homo kun pli forta volo kaj kompreno, kiu gvidos vin ien. Neniu scias, kiu vojo estas ĝusta aŭ erara, tion oni vidos nur post cento da jaroj.*

**Igor, konstrulaboristo en Jalto, Krimeo**

Kalle Kniivilä

# Krimeo estas nia
## Reveno de la imperio

❖

**Mondial**
Novjorko

Mondial
Novjorko

Kalle Kniivilä
# Krimeo estas nia
### Reveno de la imperio

Foto sur la kovrilfronto: Paŭlo Moĵajevo.

Tiu ĉi libro aperas samtempe en la sveda, finna kaj Esperanto.

ISBN 9781595692948

*www.librejo.com*

# Enhavo

❖

# Sopiro al Sovetio

La blovorkestro muzikas fone kiam Vladimir Konstantinov, reprezentanto de Unueca Rusio, la reganta partio, donas la signalon. La eluzita gruo ekmoviĝas. La vojoŝildo kun la ukrainaj loknomoj Uroĵajne kaj Trudove estas elŝirita el la tero kaj ĝian lokon prenas nova, preskaŭ identa, novproduktita ŝildo: Uroĵajnoje kaj Trudovoje. Poste Konstantinov parolas al la televidkameraoj pri la restarigo de la historia justeco en Krimeo. Al tio apartenas ankaŭ la restarigo de la originalaj, rusaj loknomoj, li diras.

– Politike ĉi tio estas tre grava okazaĵo. Eĉ pli grava ol pano.

La du loknomoj tamen ne vere estas rusaj, sed prefere tipe sovetiaj. Laborvilaĝo kaj Rikoltvilaĝo, proksimume. Laborvilaĝo estiĝis dum la sovetia tempo, sed Rikoltvilaĝo ĝis 1944 havis tute alian nomon. Tiam tataraj loknomoj estis forigitaj el Krimeo, kune kun la tuta krimetatara popolo. La tataroj estis ekzilitaj al la fora Centra Azio, kaj ne rajtis reveni dum ekzistis Sovetio. Sed ne tio gravas. Por la novaj potenculoj en Krimeo historia justeco signifas, ke estu restarigita ĝuste la rusa variaĵo de la sovetaj loknomoj. Nun ja denove regas Moskvo.

La duoninsulo Krimeo, kaj precipe la havenurbo Sebastopolo, kie la Rusia nigramara floto havas sian bazon ekde la 18-a jarcento, en Rusio de ĉiam estas ligita kun militaj heroaĵoj. En la 1950-aj jaroj Krimeo estis aligita al la Ukraina soveta respubliko, sed la majoritato de la loĝantoj estas ruslingvanoj jam ekde la 19-a jarcento. Post la disfalo de Sovetio, Krimeo restis parto de la sendependa Ukrainio – sed multaj en Rusio neniam akceptis, ke Krimeo apartenas al alia lando.

En Rusio la anekso de Krimeo en marto 2014 tial kondukis al senprecedenca ondego de patriotisma histerio. En opiniesploroj la jam forta subteno al la politiko de Vladimir Putin saltegis al pli ol 80 procentoj, la sama nivelo kiel post lia antaŭa sukcesa milita kampanjo, la mallonga milito en Kartvelio en 2008. La laŭta kritiko de la ĉirkaŭa mondo servis kiel plia pruvo de tio, ke Rusio ja agis ĝuste kaj haltigis okcidentan agreson. Krimeo, kaj precipe la legenda flota bazo en Sebastopolo, fulmrapide iĝis simboloj de la restarigita superpotenca statuso de Rusio.

Ankaŭ en Krimeo oni festis. Granda parto de la ruslingva loĝantaro post 23 jaroj en sendependa Ukrainio bonvenigis la revenon al superpotenco regata el Moskvo.

La okcidento reagis kvazaŭ vekita el longa sonĝo, surprizite kaj konfuzite. La agado de Rusio aspektis neracia. Kial oni elektus ruinigi la tutan eŭropan sistemon de sekureco kaj neglekti ĉiujn interkonsentojn pri la netuŝebleco de ŝtataj limoj, kiam la anekso krome neeviteble iĝos pezega ŝarĝo por la jam stagnanta rusia ekonomio?

Sed la regantoj de Rusio, pinte prezidento Vladimir Putin, eliras el tute alia mondobildo ol la okcidentaj observantoj, kaj tial havas alian koncepton pri la bazaj interesoj de sia lando. Pleje gravas finfine ne bona evoluo de la ekonomio, bonaj rilatoj kun la najbaroj kaj la bonfarto de la popolo, sed ja la statuso de Rusio kiel superpotenco. Temas pri monda ludo kun nulsuma rezulto, en kiu Rusio devas defendi sian sferon de interesoj senrigarde al ajnaj kostoj. Iuj aferoj ja finfine pli gravas ol pano.

Kaj kompreneble decidaj paŝoj en Ukrainio estas klara maniero mesaĝi, ke oni nepre ne permesos ajnan subfosan agadon hejme en Rusio.

Tiuj klarigoj ne konfliktas, sed kompletigas unu la alian.

Putin estas la plej populara politikisto de Rusio de 15 jaroj ne nur ĉar li silentigis siajn kritikantojn kaj haltigis ĉiujn konkurantojn. Lia subteno estas antaŭ ĉio kaŭzita de tio, ke li post la kaoso kaj mizero de la 1990-aj jaroj restarigis la fortan ŝtaton kaj helpe de naftaj enspezoj donis al ordinaraj rusianoj elteneblan vivnivelon. Pro la kreskanta materia bonfarto la majoritato de la popolo akceptis limigojn en la civitanaj liberecoj.

Sed post la vastaj protestoj ĉirkaŭ la prezidenta elekto en 2012 evidentis, ke ĉiam pli granda parto de la bonfarta meza klaso ne plu kontentas pri nuraj pano kaj cirkaĵoj. Samtempe eblis vidi, ke la naftodependa rusia ekonomio baldaŭ estos trafita de grandaj problemoj.

Necesis nova strategio. Kaj ĝi estis trovita.

La kerna vorto restas stabileco – la estroj de Rusio diras ke ili laboras por ĝi, kaj ĝi ja estas kion volas la popolo post la katastrofaj katakliismoj de la 1990-aj jaroj. Sed jam ne temas pri ekonomia stabileco. La ekonomio devas adaptiĝi – ja ekzistas pli gravaj aferoj ol pano, ekzemple sekureco. Rusion ĉirkaŭas malamikoj, kies armeoj minacas la landon. Fremdaj agentoj provas detrui la pene atingitan stabilecon de Rusio, kontrabandante danĝerajn okcidentajn ideojn.

La nova priskribo de la realo ne estas tute nova – kiu memoras Sovetion, tiu facile rekonos ĝin. La malamika ĉirkaŭaĵo kun siaj maljustaj kontraŭrusiaj sankcioj krome estas bona klarigo al la kreskantaj ekonomiaj problemoj de la lando.

Ĝis la anekso en la printempo de 2014 la krimeanoj multrilate plu vivis en la rusia-ukrainia kaoso de la 1990-aj jaroj, kun oligarkoj kaj malordo. Tiuj, kiuj spektis rusian televidon, vidis la grandan najbaron en oriento prosperi. Do eble ne tute surprizas, ke multaj sopiris al forta gvidanto, kiu restarigu ordon ankaŭ en Krimeo.

En la fino de septembro 2014 mi ĉirkaŭveturis en Krimeo kaj intervjuis subtenantojn kaj kontraŭulojn de la anekso. Ili ĉiuj sopiris al ordo kaj disciplino anstataŭ kaoso kaj korupto. Sed ili trovis malsamajn respondojn.

Tiuj, kiuj volas ke Krimeo restu parto de Ukrainio, volonte parolis pri demokratio kaj homaj rajtoj. Funkcianta juroŝtato laŭ okcidenta modelo kaj proksimiĝo al Eŭropo estis ilia vojo antaŭen. Sed multaj el ili jam eksilentis. Aliaj forlasis la okupitan duoninsulon kaj veturis al Kievo – por povi paroli libere, por povi labori por tio, je kio ili kredas. Por ili la rusia regado en Krimeo estas daŭrigo de la sovetia subpremo, malagrabla eĥo de la pasinteco.

Tiuj, kiuj volas aparteni al Rusio, volonte parolis pri la rusa lingvo, kiu laŭ ili estas subpremata en Ukrainio. La plej multaj kompreneble esperis, ke la rusia anekso gvidos al pli altaj salajroj, al pli bona vivnivelo. Sed almenaŭ same multe ili parolis pri bonaj malnovaj tempoj. Pluraj subtenantoj de la anekso menciis Stalinon kiel bonan gvidanton. Sed Stalino ja ne estis same perfekta kiel estas Putin, aldonis unu el ili.

Se en Rusio la rekapto de Krimeo por multaj iĝis konkreta simbolo por la renaskiĝo de la lando kiel superpotenco, post la disfalo kaj nacia humiligo de la 1990-aj jaroj, por multaj krimeanoj la Rusio de Putin fakte estas la revo pri Sovetio. Ne pri la vera, malriĉa Sovetio – kun cenzuro, kun disidentoj en mensmalsanulejoj kaj kun longaj vicoj en la malplenaj manĝovendejoj – sed pri la bona Sovetio, pri ora epoko kiu pluvivas en someraj infanaĝaj memoroj kaj en la klasikaj sovetiaj filmoj, kiujn oni neniam ĉesis montri en rusia televido.

Sed la bona soveta tempo neniam revenos. Ĝi ja neniam ekzistis.

❖

# Invado el nenie

Frue en la vendreda mateno la 28-an de februaro 2014 la konstruaĵo de la internacia flughaveno en Simferopolo en Krimeo estas ĉirkaŭata de kvindeko da armitaj viroj en verdaj, nemarkitaj uniformoj. Laŭ atestantoj la viroj alvenas en tri rusaj armeaj kamionoj de la marko Kamaz. La kamionoj ne havas numerplatojn. La viroj ŝajnas aparteni al la sama neidentigita, bone organizita grupo, kiu la antaŭan tagon sturmis la parlamentejon kaj la registaran konstruaĵon de Krimeo.

Post la sturmado la verduloj hisis la rusian flagon super la parlamentejo. La saman tagon oni anoncas, ke la registaro de Krimeo estas eksigita. Novan registaron estras Sergej Aksjonov, la gvidanto de Rusa unueco, marĝena ruse direktita partio. Sed daŭre neniu scias, kiuj la verduloj estas.

Jelena Meĥanik de la ukrainia televidkanalo Inter rapide atingis la flughavenon.

– Ni alvenis ĉirkaŭ la tria horo nokte. Mi estis la sola ĵurnalisto, kiu kuraĝis aliri unu el la verduloj. De kie vi venas? mi demandis. Ukrainio, Rusio? Rusio, la viro respondis.

Tio povintus esti monda novaĵo. Sed la informo, kiu rapide disvastiĝis en la ukrainiaj amaskomunikiloj, estis pridubata de la internaciaj novaĵagentejoj, ĉar la rusiaj aŭtoritatoj insiste neis ajnan enmiksiĝon en la okazaĵoj en Krimeo. La celo estis kaŭzi konfuzon kaj laŭeble longe konservi la ŝajnon, ke efektive temas pri internaj maltrankvilaĵoj, ne pri rusia invado, diras Fredrik Westerlund, esplordirektoro ĉe FOI, esplora instituto de la svedia ministerio de defendo.

Samtempe Rusio krome entreprenis grandskalan militan ekzercon pli norde. Kiam rusiaj trupoj avancis direkte al Ukrainio kaj kreis evidentan minacon laŭ la longa surtera limo, la registaro de Ukrainio en Kievo malfacile povis fokusi sian atenton al Krimeo. La konfuzo plu

kreskis post du tagoj, la 1-an de marto, kiam Vladimir Putin petis kaj
ricevis la permeson de la rusia parlamento uzi la rusian armeon sur la
tuta teritorio de Ukrainio en kazo de bezono.

Tri monatojn pli frue en Kievo, la ĉefurbo de Ukrainio, komen-
ciĝis vastaj protestaj manifestacioj, post kiam prezidento Viktor Janu-
koviĉ lastmomente subiĝis al la premo de Rusio, komplete renversis
sian decidon, kaj haltigis la delonge planitan interkonsenton pri prok-
sima kunlaboro kun Eŭropa Unio. Sed la distanco de Kievo al la Nigra
maro estas granda. En Krimeo ĉio estis trankvila, kaj la plej multaj ne
tre zorgis pri la kvereloj en la ĉefurbo. La afero aranĝiĝos, kiel ĉiam,
oni supozis. Sed la protestantoj kiuj okupis Placon de Sendependeco
en la centro de Kievo ne rezignas. Sangaj bataloj inter la polico kaj la
protestantoj kaŭzas pli ol cent mortojn inter la 18-a kaj la 20-a de feb-
ruaro, kaj la 22-an de februaro prezidento Viktor Janukoviĉ fuĝas el la
ĉefurbo al Ĥarkovo en orienta Ukrainio. De tie li veturas pluen al Kri-
meo, jam kun la helpo de rusiaj sekurservoj, kiuj nun funkcias sur la
teritorio de Ukrainio. Tie li restas kelkajn tagojn, ĝis li laŭ sia propra
peto estas kontrabandita al Rusio. Tion poste rakontis lia rusia kolego
Vladimir Putin.

Sed tiam neniu sciis, kio okazas, diras la krime-tatara aktivulo
Eskender Bariyev, kiun mi renkontas en Krimeo duonjaron post la
okazaĵoj.

– Tiam ĉio pasis ege rapide. Janukoviĉ fuĝis, li estis serĉata de la
polico. Al la loĝantoj ĉi tie oni klopodis kredigi, ke en Kievo la potencon
kaptis faŝisma junto, ke la faŝistoj tuj komencos masakri homojn. Oni
volis konvinki ĉiujn, ke la ruse parolanta loĝantaro estas minacata. Kaj
kiu do minacus ilin? Ni krimeaj tataroj, kompreneble. Kvankam ja evi-
dentas, ke tia minaco ne ekzistis. Sed tial rusiemaj grupoj jam la 25-an
de februaro komencis manifestacii kaj postuli aliĝon al Rusio.

La ĵurnalisto Arsen estis raportisto en la loka redakcio de la ukrai-
nia, ruslingva gazeto *Segodnja* en Simferopolo, kiam la rusiemaj mani-
festacioj en Krimeo komenciĝis.

– Ili ne estis multaj en la komenco, temis pri kelkaj centoj, iaspe-
caj kozakoj, kaj lokaj organizaĵoj. La 25-an de februaro ili provis mal-
munti la ukrainian blazonon sur la parlamentejo, sed ne sukcesis. Ili
kriis iajn rusiemajn sloganojn, mi ne memoras precize, kion. Ili daŭri-
gis ĝis malfrua vespero, mi estis tie por raporti pri la manifestacio, sed
fine mi foriris. Kaj matene ili kolektiĝis denove.

Cirkulis famoj, laŭ kiuj la parlamento de Krimeo la 26-an de februaro pritraktos la demandon pri sendependiĝo, kiu laŭ la atendoj baldaŭ kondukus al proksimiĝo kun Rusio. Subtenantoj kaj kontraŭuloj kolektiĝis ĉirkaŭ la parlamentejo. La kontraŭuloj estis ĉefe krimeaj tataroj, kaj ili estis klare pli multaj ol la subtenantoj, kvankam porrusiaj grupoj estis alveturigitaj per busoj el Sebastopolo. Unu el la porukrainiaj manifestaciantoj estis Liza Boguckaja, kiu post la anekso estis devigita forlasi Krimeon.

– Komence estis sufiĉe pace, kvankam estis ege multe da homoj tie. Tutcerte estis kvin mil krimeaj tataroj. Kaj ekalvenadis aŭtobusoj el Sebastopolo. Ke ili venis de tie evidentis, ĉar tio estis skribita sur multaj el la busoj. La rusiemuloj estis eble milo. Ni, kiuj manifestaciis por Ukrainio, estis verŝajne kvinoble tiom. La policanoj unue staris inter la grupoj, sed subite ili malaperis. Poste iu forbatis la peltan ĉapon de sur la kapo de iu kozako, iu fortiris flagon de la alia flanko, kaj estiĝis interpuŝiĝo.

Laŭ la ĵurnalisto Arsen la manifestaciantoj estis pli ol tiom.

– Mi kredas ke tie estis sume almenaŭ dekmilo da homoj. Ili komencis puŝi unu la alian tie meze, kie staris la kozakoj. Estis tre dense, oni apenaŭ povis turniĝi. Fine la tataroj forpuŝis la kozakojn kaj kuris direkte al la parlamentejo. Sed tiam elvenis Refat Çubarov, haltigis ilin, kaj diris, ke ili neĝuste agas.

Refat Çubarov estas la estro de Meclis, la ĉefa organizaĵo de la krimeaj tataroj. En februaro 2014 li krome estis ano de la loka parlamento en Krimeo. Nun la rusiaj aŭtoritatoj ekzilis lin – li ne rajtas enveturi en Krimeon.

La prezidanto de la parlamento, Vladimir Konstantinov, kiu tiam ankoraŭ reprezentis la ukrainian Partion de la Regionoj, krome diskonigis, ke la parlamento ne diskutos la sendependecon de Krimeo.

– Ĉiuj trankviliĝis kaj iris hejmen, ili pensis, ke ili gajnis. Tion ili kredis. Sed sekvatage aperis la militistoj, kaj tiam neniu plu kuraĝis eliri, diras Arsen.

Esma Aciyeva estas krime-tatara kuracisto. Ĝis la anekso ŝi laboris kiel kunordiganto de internaciaj projektoj por plibonigi la flegadon de novnaskitoj kaj naskintoj en Krimeo. Nun la projektoj ne plu ekzistas, ĉar Krimeo estas konsiderata okupita teritorio. Ŝi mem ekloĝis en Kievo. Sed fine de februaro ŝi estis en la mezo de la okazaĵoj.

– Mi konas preskaŭ ĉiujn kuracistojn en Krimeo, apartenis al mia laboro koni ĉiujn aktualajn evoluojn en la sanprizorgado. Kaj unu el miaj konatoj deĵoris en ambulanco dum la granda manifestacio ĉe la parlamentejo. Ŝi diris ke estis terure, ili havis kvar ambulancojn, sed nur du komunik-radiojn. Kaj la poŝtelefonoj ne funkciis, ili ne povis atingi la direktejon.

Unu aĝa krime-tatara viro forpasis pro koratako dum la manifestacio. Virino en la rusiema grupo falis, estis surtretita de la homamaso kaj vundita tiel serioze, ke ŝi poste mortis en malsanulejo.

La sekvan matenon Esma Aciyeva provadis atingi la krimean ministron pri sano, kun kiu ŝi parolis post la manifestacio.

– Ni interkonsentis pri renkontiĝo en la mateno. Mi apenaŭ dormis tiun nokton. Kiam mi telefonas lin en la mateno, li diras, ke li ne estas en la ministerio, ke iu sturmis la konstruaĵon de la registaro. Li ne volis diri, kie li estas. Poste mi eksciis, ke li tuj forlasis Krimeon kaj veturis al Kievo.

Dum la antaŭaj tagoj oni parolis pri moviĝoj de rusiaj trupoj en Krimeo, sed tamen ĉiuj estis surprizitaj, kiam kvindeko da peze armitaj viroj en nemarkitaj verdaj uniformoj je la kvara horo matene en ĵaŭdo la 27-a de februaro okupis la parlamentejon kaj la registaran konstruaĵon, hisante rusiajn flagojn.

Laŭ Fredrik Westerlund ĉe FOI oni povas nun relative certe diri, ke la parlamentejon sturmis specialaj trupoj de la rusia milita sekurservo GRU. Inter la viroj en nemarkitaj verdaj uniformoj estis ankaŭ trupoj de la elitaj taĉmentoj de la rusia armeo.

– Ili havis iom malsamajn taskojn. La konstruaĵoj de la politika kaj milita gvidantaro de Krimeo estis unuavice sturmitaj de specialaj trupoj de GRU, dum tiuj, kiuj ĉirkaŭis militajn bazojn kaj starigis vojkontrolojn, interalie sur la terkolo inter la ĉeftero kaj Krimeo, laŭ nia kompreno unuavice estis elitaj trupoj de la rusia armeo, el paraŝutistaj taĉmentoj kaj marista infanterio.

La specialaj trupoj de GRU estis uzitaj por la sturmadoj, ĉar ili estas trejnitaj por povi transpreni konstruaĵojn kun laŭeble malmulte da viktimoj, klarigas Fredrik Westerlund. La rusiaj militistoj krome havis subtenon de lokaj kaj alveturigitaj neformalaj milicoj, interalie grupoj de rusiaj kozakoj – naciistoj en uniformoj, kiuj vidas sin kiel posteulojn de la historiaj kozakoj precipe el suda Rusio. La celo estis ŝajnigi, ke temas pri lokaj, spontaneaj okazaĵoj.

– Pri tio ili sukcesis sufiĉe por krei malcertecon, kaj por povi kun ioma kredeblo nei, ke temas pri rusiaj trupoj. La milicoj lokis sin kiel ŝirmilon inter la rusiaj soldatoj kaj la loka loĝantaro. Tiam ankaŭ ĵurnalistoj malfacile povis eltrovi, kiuj la soldatoj fakte estas.

Kelkajn horojn post la sturmo la ĉefministro de Krimeo, Anatolij Mogiljov, do eksciis, ke li kaj lia tuta registaro estis eksigita fare de la parlamento, kiu laŭdire kunvenis en la okupita konstruaĵo. Oni diskonigis ankaŭ, ke la parlamento decidis aranĝi referendumon pri vastigita aŭtonomio de Krimeo la 25-an de majo. Sed kio efektive okazis en la konstruaĵo okupita de nekonataj trupoj, tion oni malfacile povis scii. Ĉiuj telefonlineoj al la konstruaĵo estis rompitaj, la telefonoj de parlamentanoj estis konfiskitaj kiam ili alvenis al la parlamentejo, kaj neniuj ĵurnalistoj rajtis eniri. Ne eblas certe scii, kiom el la cent parlamentanoj ĉeestis, sed supozeble ili estis malpli ol tiuj 50, kiuj estas bezonataj por laŭleĝa kvorumo.

Liza Boguckaja prenis sian aŭton kaj veturis al la centro tuj, kiam ŝi aŭdis pri la sturmo de la parlamentejo.

– Mi vidis ke la parlamentejo estis barita. Ne estis la polico, sed viroj en nemarkitaj militistaj uniformoj. Multaj. Ili permesis al neniu aliri.

La raportisto Tatjana Kurmanova laboris ĉe Centro por esplora ĵurnalismo en Simferopolo, kaj estis vekita per informo pri la sturmo de la parlamentejo je la kvina horo matene.

– Ni tuj veturis tien, ni estis la unuaj surloke, kaj staris tie la tutan tagon filmante. Do ni povis vidi ĉiujn parlamentanojn kiuj venis tien. Ili ne povis esti pli ol dek kvin, ĉar laŭ alia vojo ili ne povis eniri. Do evidentas, ke ĉio, kio okazis tie, estis komplete kontraŭleĝa.

La rusia naciisto Igor Girkin, pli bone konata sub sia milita kaŝnomo Igor Strelkov, partoprenis en la tiel nomataj sindefendaj trupoj de Krimeo en la fino de februaro. Poste li rakontis en televida intervjuo ke liaj trupoj venigis la malentuziasmajn parlamentanojn al la okupita parlamentejo por eksigi la krimean registaron kaj por akcepti novan:

– Mi bedaŭrinde vidis nenian subtenon flanke de la decidaj organoj en Simferopolo, kie mi troviĝis. Ili ne videblis. La sindefendaj trupoj kolektis la parlamentanojn kaj enpuŝis ilin en la kunvenejon por ke ili voĉdonu. Mi estis estro de unu el la grupoj, mi ĉion vidis per miaj propraj okuloj.

La televida ĵurnalisto Jelena Meĥanik, kiu baldaŭ aliros la verdulojn ĉe la flughaveno, veturis al Krimeo per nokta trajno el Kievo en la merkreda vespero la 26-an de februaro.

– Mi ekveturis tuj post la granda manifestacio ekster la parlamentejo, sed kiam mi eniris la trajnon, mi ankoraŭ ne sciis, kiel serioze iĝos. Dum ni veturis, mi telefonis al la gazetara servo de la parlamento, mi ja konas ilin ĉiujn, kaj ni interkonsentis, ke ni en ĵaŭdo rajtos filmi interne en la parlamenta konstruaĵo. Kiam ni matene alvenis, mi retelefonis. Tiam ili diris, ke ili mem ne povas atingi sian laborejon, ke okazis io nekomprenebla, ke armitaj viroj okupis la konstruaĵon. Pli ol tiom ili ne sciis. Ni kompreneble tuj eklaboris kaj filmis ĉion, kio okazis.

Jelena Meĥanik volis mem raporti pri la okazaĵoj en Krimeo, ĉar ŝi devenas de tie, kaj ĉar ŝia 12-jara filino tiam ankoraŭ loĝis ĉe ŝiaj gepatroj en Simferopolo, kie ŝi frekventis ukrainlingvan lernejon.

– Ĝi estis la plej granda ukrainlingva lernejo en Krimeo. Nun ĝi komprenble ne plu estas ukraina. Tuj kiam ĉio ĉi komenciĝis, ni decidis, ke mia filino restu hejme, ni timis ke povus okazi provokoj kontraŭ la ukrainlingva lernejo.

Jelena Meĥanik kaj ŝia televida teamo laboris en Krimeo dum dek tagoj por dokumenti la okazaĵojn. Ŝi loĝis hejme ĉe siaj gepatroj, la ceteraj teamanoj en hotelo. Ili filmis la verde vestitajn soldatojn, kiam tiuj okupis flughavenojn kaj ĉirkaŭis ukrainiajn militajn bazojn. Ili raportis ankaŭ pri la granda ukrainia flugbazo Belbek rande de Sebastopolo, kie Julij Mamĉur, la ĉefo de la flugbazo, kun siaj nearmitaj trupoj marŝis kontraŭ la verdaj militistoj, kiuj pafis en la aeron. La dramaj televidbildoj el Belbek disvastiĝis tra la tuta mondo.

Ekster ukrainia armea bazo en Feodosija en la sudorienta parto de Krimeo ŝia teamo estis atakita la unuan fojon.

– Kiam ni alvenis ĉe la bazo ni vidis, ke ekster ĝi okazas manifestacio por Rusio. Ili ne lasis nin aliri, ili vidis, ke ni venas de ukrainia kanalo. Ili komencis puŝadi nin, ili prenis mian mikrofonon. Kiam mi vidis, ke la kozakoj provas forkonduki la kameraiston, mi komencis filmi per mia telefono. Tiam ili forprenis ankaŭ la telefonon. Sed tiufoje ni elturniĝis.

Sabate la 1-an de marto la nova estro de Krimeo, Sergej Aksjonov, en letero al Vladimir Putin formale petis rusian helpon por "konservi la pacon" sur la duoninsulo. Samtage Putin petis permeson de la rusia parlamento por uzo de la rusia armeo sur ukrainia teritorio. La supra ĉambro de la parlamento donis sian permeson dum rapide kunvokita kunsido jam en la sama vespero.

Kaj post kelkaj tagoj komenciĝis transportoj de rusiaj militistoj kaj milita ekipaĵo trans la kvin kilometrojn laĝa Kerĉa markolo ĉe la plej orienta pinto de Krimeo. Sed oficiale Rusio plu ne konfesis, ke la viroj en nemarkitaj verdaj uniformoj efektive estus rusiaj trupoj, kaj ĵurnalistoj kiuj provis filmi la invadon ne estis bonvenaj. Unu el ili estis Irina Sedova, kiu tiam laboris ĉe la loka radiostacio Kerĉ FM.

– Mi parolis kun la soldatoj. Ili ricevis la informon, ke ili estos transportitaj al trejnado en Novorossijsk sur la rusia flanko, sed anstataŭe ili estis senditaj trans la markolon, en Krimeon. Ni filmis ĉion, la pramlinio al Kerĉ ja estis la plej grava enirejo de la rusiaj trupoj. Kaj kiam ni filmis, ĉi tiuj kozakoj aliris nin kaj minacis, ili eĉ minacis per pafiloj, sed ni tamen filmis, tra la aŭtofenestroj. Poste, kiam mi parolis kun la ukrainiaj limgardistoj, ili diris, ke la estroj en Simferopolo ordonis ke ili enŝlosu siajn armilojn. Post kelkaj horoj armitaj kozakoj alkuris kaj starigis ilin kontraŭ la muro. Ili havis verdulojn kun si. Kaj poste oni komencis transportadi militajn veturilojn el Rusio.

La ukrainia armeo havis bazon kun 400 militistoj apud Kerĉ, sed ili faris nenion, diras Irina Sedova.

–Mi parolis kun ili sufiĉe multe, ĉar mi ĉirkaŭveturadis kun volontuloj, kiuj disdonis al ili ekipaĵon. Se ili ricevus la ordonon, ili povus bloki la pramterminalon, kiam komenciĝis la transportado de rusiaj trupoj. Sed neniuj ordonoj venis, kaj ni ja ne povis solaj komenci militon, ili diris. Poste, kiam ekalvenadis tutaj konvojoj, tiam jam ne havis sencon, kion 400 militistoj povas fari kontraŭ tiel multaj? Do ili lasis la bazon kaj forveturis.

Rusiaj trupoj estis enveturigitaj ne nur tra la pramterminalo en Kerĉ, rakontas Fredrik Westerlund.

– Ĉiuj taĉmentoj, kiujn oni uzis, venis de ekstere – krom la floto kaj unu el la elitaj taĉmentoj. En Krimeo estis unu rusia marista infanteria taĉmento, kiu estis uzita. Cetere oni enveturigis la trupojn per aviadilo al la flughaveno Gvardejskoje proksime al Simferopolo, kaj per ŝipoj al Sebastopolo. Komence de marto oni komencas enveturigi ordinarajn rusiajn taĉmentojn tra Kerĉ. La trupoj kiujn oni jam havas surloke tiam regas la situacion, sed ili estas tro malmultaj por povi rezisti, se la ukrainiaj taĉmentoj decidus fari ion seriozan.

Mankas precizaj informoj pri la kvanto de rusiaj trupoj en Krimeo dum tiu fazo, sed kredeble temis unue pri kelkcent kaj fine de februaro eble pri du miloj da soldatoj. Kiam la ordinaraj trupoj komencis enflui dum la dua semajno de marto la kvanto kreskis per unu-du miloj, eble iom pli. Rusio enveturigis ankaŭ atakhelikopterojn, kiuj demonstre flugis super ankoraŭ ne kapitulacintaj ukrainiaj militaj bazoj.

Dum la unua semajno de marto la televida teamo de Jelena Meĥanik sukcesis viziti plurajn ukrainiajn militajn bazojn en Krimeo, intervjui militistojn kaj dokumenti kiel la bazoj unu post alia estis transprenitaj. Sed ukrainiaj ĵurnalistoj ne plu estis bonvenaj en Krimeo, kaj la 7-an de marto la teamo denove estis atakita, ĉi-foje ekster aerdefenda bazo proksime al Sebastopolo.

– Tie laboris multaj virinoj, kaj mi planis fari raportaĵon por la virina tago, la 8-a de marto. Ni estis la unuaj ĵurnalistoj, kiujn oni entute enlasis tie, ĉar la bazo estas sekreta, enorma subtera bunkro. Ili kontrolas la aerspacon super la tuta Nigra maro kaj norde eĉ ĝis Mikolajev.

La televidteamo estis enlasita kaj la militistinoj rakontis, kiel estas labori en la subtera bunkro, kiam la situacio sur la tersurfaco estas neregebla. Iĝis bona raportaĵo por la virina tago, Jelena Meĥanik opiniis.

– Ni jam forveturis de tie, estis eble la oka vespere. Kaj tiam la ĉefo de la bazo telefonas kaj petas nin reveni. Ili nun sturmas nin, li diras. Certe, ni venas, mi respondas, ĉar mi ja ne povis diveni, kio sekvos el tio.

Ĉar la plej multaj ukrainiaj ĵurnalistoj troviĝis en Simferopolo, je 80-kilometra distanco, la teamo de Jelena Meĥanik alvenis la unua, kune kun alia teamo de ŝia kanalo Inter, kiu jam troviĝis en Sebastopolo. La postaj okazaĵoj estis koŝmaro, kiu pensigas pri la romano *Ostrov Krim* ("La insulo Krimeo") de la aŭtoro Vasilij Aksjonov, de la jaro 1981.

En la romano Krimeo pro kaprico de la historio neniam iĝis parto de Sovetio. Post la rusia interna milito la blanka armeo barikadis sin en Krimeo, kiu en la libro estas ne duoninsulo, sed insulo. Tie evoluis sukcesa merkata ekonomio kun floranta demokratio kaj libera gazetaro. Sed la krimeanoj ne estas kontentaj, ili sopiras al la sino de sia granda patrujo, ili voĉdonas por reunuiĝo kun Sovetio – kaj povas poste en rekta elsendo sekvi, kiel la soveta armeo marŝas en Krimeon kaj disbatas la ekipaĵon de la televidaj raportistoj, ĝis la elsendo subite interrompiĝas.

– Ni komencis filmi per du kameraoj. Kaj krome mi havis tian miniaturan kameraon, kiel alumeta skatolo. Mi ricevis ĝin de nia kameraisto. Li diris, ke mi filmu per ĝi, se okazos io. Ili veturis kontraŭ la pordego per grandega armea kamiono. Sesdeko da rusiaj militistoj grimpis trans la muron. Sed tiam ili ankoraŭ havis nemarkitajn uniformojn. Ili ĉirkaŭis la tutan bazon kaj malliberigis la ĉefon. Ĉiuj militistinoj, kiujn ni pli frue intervjuis, nun estis enfermitaj sube en la bunkro. Ni staris ekstere kaj filmis.

La sturmon sukcesis filmi nur la kanalo de Jelena Meĥanik, daŭris longe antaŭ ol aliaj ĵurnalistoj atingis la lokon. Sed dum ili filmis, aperis du virinoj en aŭto.

– Ili diris ke ili estas lokanoj kaj postulis ke ni forveturu. Nenio okazas ĉi tie, ili diris.

La kameraisto diris ke ja okazas aferoj, kaj montris al la virinoj kion li sukcesis filmi – la tutan sturmadon de la bazo. La virinoj abrupte turniĝis, saltis en sian aŭton kaj malaperis.

– Ni devas telefoni, unu el ili diris al la alia. Mi tiam ne pensis pri tio, sed poste mi komprenis, kien ili telefonis.

Post kvaronhoro aperis kvar aŭtoj kun grandaj, maskitaj viroj. Kelkaj surhavis kamuflajn uniformojn, aliaj sportajn vestaĵojn, sed ĉiuj havis ĉapon kiu kovris la vizaĝon, rakontas Jelena Meĥanik.

– Sur unu el la aŭtoj estis skribite io pri "Ne al faŝismo". Tiuj maskitaj viroj iom observis, kion ĉiuj faras, kaj ŝajne klopodis elruzi, kion ni sukcesis filmi. Kaj jen subite ili komencis bategi la ĵurnalistojn, severe kaj celkonscie. Mia kameraisto perdis kvin dentojn. Mi staris tie tute paralizita, sed min savis greka ĵurnalisto, Kostas Onisenko. Li puŝis min en nian aŭton.

– Ni veturis laŭeble rapide. Kaj ni telefonis al nia alia ŝoforo kaj avertis lin, por ke li ne revenu tien sed provu kaŝi sin ie en Sebastopolo. Ĉar estis plia problemo, estis vojkontroloj ĉe la elveturejoj el Sebastopolo. Tie staris kozakoj kaj ordinaraj trafikpolicistoj kaj plej diversaj stranguloj. Separistoj, mi celas. Ĉiuokaze ni forveturis, sed post kelkaj minutoj ni rimarkis, ke iu postsekvas nin. Ni provis eskapi, sed ne sukcesis.

Estis malfrua vespero kaj mallume. En senhoma loko la ĉasantoj atingis la aŭton de la televidteamo, unu aŭto baris la vojon, kaj la maskitaj viroj elsaltis.

– Mi havis videokameraon en la sino. Unu el la viroj ŝirmalfermis la pordon, tiregis al si la kameraon kaj komencis disbati ĝin kontraŭ la aŭto. Li batis ĝis restis nur pecetoj. Ni kriis al la ŝoforo, ke li startigu, kaj ni sukcesis veturi ankoraŭ iomete. La tutan tempon sonoris mia telefono. Mi sukcesis atingi ĵurnaliston ĉe la kanalo ATR, rakonti ke oni atakis nin, kaj averti ŝin, por ke ili ne sendu siajn ĵurnalistojn tien.

La ĵurnalisto ĉe la krime-tatara kanalo ATR siavice avertis aliajn kolegojn pri la atako kontraŭ ĵurnalistoj, kaj nun Jelena Meĥanik estas ĉasata ankaŭ de la redaktoro de la plej populara aktualaĵ-programo en ukrainia televido, por ke ŝi partoprenu en la rekta elsendo. La program-estro Savik Ŝuster ĉiam sukcesas havi la plej aktualajn personojn en sia elsendo, kaj ĝuste nun la nova estro de Krimeo, Sergej Aksjonov, partoprenas pere de rekta ligo el Simferopolo. Li ĵus klarigis al la tuta Ukrainio, ke en Krimeo ĉio estas trankvila – kaj samtempe ekalvenadas informoj pri perforta atako kontraŭ ĵurnalistoj ĉe sturmata ukrainia milita bazo tie.

– Mi krias en la telefonon, ke mi ne povas partopreni en ajna rekta elsendo, ke iu ĉasas nin, ke oni tranĉis la vojon, kaj ke povas finiĝi kiel ajn aĉe. Ĝuste tiam mi vidas, ke tri aŭtoj stariĝis ĉirkaŭ ni, do mi finas la interparolon kaj sensonigas la telefonon. Mi puŝas ĝin en mian mamzonon, kaj kun ĝi la etan kameraon. Tiuj viroj eliras el siaj aŭtoj kaj komencas bati nian aŭton per iaj bastonoj. Ili batas forte, mi sentas kvazaŭ la aŭto ŝrumpus je ĉiu bato. Mi komprenas, ke tuj okazos io terura.

La atakantoj ŝirmalfermas la pordojn de la aŭto kaj eltiras la virojn, nur Jelena Meĥanik plu restas sur la malantaŭa benko. Ŝi ne kuraĝas multe rigardi eksteren, ŝi ĉefe fiksrigardas la plankon, sed ŝi aŭdas ke oni komencas bati la kolegojn. Samtempe la telefono vibras en ŝia mamzono.

– Mi devus ja tute malŝalti ĝin, kaj ne nur sensonigi ĝin. Nun ĉiuj klopodas atingi min, ĉar oni menciis min en la elsendo de Savik Ŝuster. Kaj mia patrino, kiu sidis antaŭ la televidilo en Simferopolo kun mia filino, ŝi estis tute histeria, ĉar ŝi iel miskomprenis tion, kion oni diris en televido pri la tranĉita vojo. Kaj mi timegas ke tiuj maskitaj viroj aŭdos la telefonon vibri, do mi tenas mian manon sur la brusto kaj ŝajnigas, ke mi daŭre tusadas.

Kiam Jelena Meĥanik kaŝrigardas eksteren ŝi vidas, ke la greka ĵurnalisto Kostas Onisenko kuŝas sur la tero sanganta. La atakantoj plu batadas la aliajn kaj daŭre krias, ke la ukrainiaj ĵurnalistoj neniam revenu al Sebastopolo.

– Poste ili komencis kolekti niajn aĵojn, nian tutan ekipaĵon. Min ili ne tuŝis, sed ili prenis mian mansakon, elverŝis la enhavon kaj prenis ĉion, ĉiujn memorkartojn kaj SIM-kartojn kaj USB-memorilojn. Sed la plej gravajn aferojn mi filmis per la miniatura kamerao, kiun mi kaŝis en la mamzono. Mi sidas tie sur la malantaŭa benko kun gapantaj okuloj, ili fosas en mia monujo, ŝovas ĝin en mian vizaĝon kaj demandas, kial estas tiom da kartoj tie. Tute idiotaj demandoj. En ukrainiaj militaj bazoj, kiujn ni vizitis, la soldatoj donacis al mi uniformajn brakinsignojn. Kiam ili trovas la insignojn, estas kvazaŭ oni montrus ruĝan flagon al taŭro, ili komencas krii kiel frenezuloj. Poste ili trovas mian enlandan pasporton kun mia loĝregistra adreso en Krimeo. Nun ni scias, kie vi loĝas, ili diras, kaj komencas paroli pri tio, kion oni povus fari al miaj familianoj.

Samtempe la nova estro de Krimeo, Sergej Aksjonov, en televido ripetas ke ĉio estas trankvila en Krimeo, li jam telefonis kaj informiĝis, la sindefendaj trupoj neniun minacas, kaj nenia sturmo de la aerdefenda bunkro ekster Sebastopolo estas okazanta.

La ukrainiaj tutlandaj televidkanaloj jam estas malŝaltitaj en Krimeo, kaj por ke la krimeanoj povu vidi la programon de Savik Ŝuster, ĝi en ĉi tiu vespero estas sendata ankaŭ en la krime-tatara kanalo ATR, "la sola restanta ukrainia kanalo en Krimeo", kiel diras Ŝuster en la komenco de la elsendo.

Ŝuster ĉiam parolas ruse en televido, sed cetere lia programo estas io tute alia ol la tiel nomataj diskutprogramoj en rusia televido, kie oni neniam rajtas pridubi la saĝon de la ŝtata gvidantaro. La lastan fojon la krimeanoj havas la ŝancon vidi elsendon, en kiu la subtenantoj de la aligo de Krimeo al Rusio kaj tiuj, kiuj volas ke Krimeo restu parto de Ukrainio, krias en la buŝon unu al la alia, sed fojfoje ankaŭ diskutas preskaŭ civilizite. La kunlaborantoj de Ŝuster faris reprezentan selekton de krimeanoj kaj invitis ilin al la studio en Kievo por ke ili en rekta elsendo diru, kion ili opinias.

– Eĉ por divorcoj estas reguloj. Se ni disiĝu, ni provu fari tion civilizite, diras Savik Ŝuster al la kamerao, kaj poste ridetas iom ĝenite, kiam liaj gastoj en la televidstudio ne povas teni normalan konversacian tonon.

Intertempe daŭras la batado de ĵurnalistoj ekster la aŭto en Sebastopolo, kie Jelena Meĥanik sidas kaj skuiĝas pro timo.

– Ili disrompis ĉiujn kameraojn, ili prenis ĉiujn niajn legitimilojn kaj memorkartojn. Mi aŭdis pafojn kaj korpoj estis metitaj en la bagaĝujon. Mi ne sciis, kio okazas, ĉar samtempe iu lumigis mian vizaĝon kaj pridemandadis min.

Sed poste iu telefonas al unu el ĉi tiuj viroj, kaj subite ili trankviliĝas, ĵetas al ni la ŝlosilojn de la aŭto kaj diras ke ni povas forveturi. Estis kvazaŭ la telefonvoko venis el paralela universo, mi ja ne scias, kiu telefonis, sed certe iu kiu spektis la programon de Ŝuster, kie partoprenis Aksjonov.

Tiuj, kiuj ne jam kuŝis en la bagaĝujo, laŭeble rapide enaŭtiĝis kaj forveturis. Kiam ili iom distanciĝis de la atakintoj ili haltis por vidi, kiel fartas la du viroj, kiuj kuŝas en la bagaĝujo. Ili vivas. Ili ne estis trafitaj de la kugloj, la atakantoj ŝajne pafis en la aeron por timigi. Sed la koŝmaro ne pasis, la batita aŭto daŭre troviĝas interne de la vojkontroloj de la separistoj.

– Kiam ni alvenas al la vojkontrolo, oni kompreneble haltigas nin. Tie staras kozakoj kaj viroj en verdaj uniformoj, kaj krome tute ordinaraj trafikpolicistoj. Por mi policistoj ĉiam signifis leĝon kaj ordon, do mi faras kelkajn paŝojn direkte al ĉi tiu trafikpolicisto – kaj li ridas rekte al mia vizaĝo.

Evidentiĝis, ke ĉiuj ĉe la vojkontrolo jam bone sciis, kio okazis.

– Estis kvazaŭ absurda teatro. Ili ŝajnigis sin zorgantaj kaj demandis, ĉu al ni okazis io, sed estis tute klare, ke ili nur mokis nin. Ne, ne, ĉio estas en ordo, miaj kolegoj respondis, kvankam ili estis tute sangaj.

La aŭto estas traserĉita ankoraŭfoje, antaŭ ol la batitaj ĵurnalistoj rajtas pluveturi direkte al Simferopolo.

La sekvan tagon, post kiam Jelena Meĥanik ricevis plurajn strangajn telefonvokojn kaj post kiam nekonata aŭto aperis ekster la hejmo de ŝiaj gepatroj, la tuta grupo decidas forlasi Krimeon laŭeble tuj. Sed la atakantoj ja ŝtelis ĉies pasportojn, kaj la videblaj vundoj de la batitaj ĵurnalistoj sendube altirus la atenton ĉe la novaj limkontroloj de la separistoj.

– Nia televidkompanio helpis ilin forflugi el Krimeo sen dokumentoj. Ili forveturis en tiu sama tago. Mi ne povis veturi kun ili, mi devis forveturigi ankaŭ mian filinon kaj miajn gepatrojn. Ili havis siajn pasportojn, sed mi ne. Ni prenis nur la plej necesajn aĵojn, ni vere estis kiel rifuĝantoj kiam ni okupis la dormkupeon, kiun ni rezervis. La konduktoro estis ukrainia virino, kiu bone komprenis, kio okazas. Ŝi diris, ke antaŭ ol la trajno forveturis el Sebastopolo, iuj serĉis ĵurnalistojn, devigis pasaĝerojn demeti vestaĵojn kaj fosis en ĉies valizoj.

La 8-an de marto, kiam Jelena Meĥanik forlasis Krimeon kun sia familio, la kontrolo de la kieva trajno daŭre estis sporada, kaj ŝi esperis je sukceso.

– Sed mi daŭre timis, ke tiuj sindefendaj trupoj enirus la trajnon en Ĝankoj, tuj antaŭ la limo, mi tremis pro tio. Mi atendis nur, ke ni transveturu la terkolon, ke ni atingu la ĉefteron, por ke mi povu senti min sekura. Kaj kiam ni finfine estis tie, miaj larmoj komencis flui. Ĝis tiam, kiam ĉio okazis, mi ne povis plori. Mi nenion sentis, la larmoj simple fluis.

Post ok tagoj, la 16-an de marto, la novaj potenculoj en Krimeo organizis sian referendumon, kiun oni je fulma rapideco fruigis je pli ol du monatoj. Sur la oficialaj kampanjaj afiŝoj Ukrainio aspektis kiel nazia Germanio. Laŭ la oficiala rezulto 97 procentoj voĉdonis por aliĝo al Rusio. Por tiuj kun alia opinio estis plej saĝe silenti. La tagon post la voĉdonado estis trovita la korpo de Reşat Ametov, krimea tataro, kiun la "sindefendaj trupoj" forveturigis du semajnojn pli frue, kiam li partoprenis manifestacion kontraŭ la rusia okupo. Lia korpo havis spurojn de torturo.

La 18-an de marto Vladimir Putin faris sian historian paroladon antaŭ ambaŭ ĉambroj de la rusia parlamento kaj deklaris, ke Krimeo estas akceptita kiel parto de Rusia federacio. Kvazaŭ je sekreta signalo, la parlamentanoj plurfoje ekstaris, aplaŭdis, kaj skandadis "Rusio! Rusio!". La ceremonio estis finita per subskribado de interkonsento kun reprezentantoj de la novaj, rusiemaj regantoj de Krimeo, kun akompano de la rusia nacia himno – la malnova sovetia melodio, kiun Putin restarigis dum sia unua jaro de regado.

Eĉ se multaj detaloj de la anekso de Krimeo restas nekonataj, evidentas, ke la glate entreprenita, grandskala rusia milita operaco devis esti planita longe anticipe. Kiam la situacio en la ĉefurbo de Ukrainio en la fino de februaro 2014 subite iĝis kaosa kaj dum pluraj tagoj ne klaris, kiu havas la potencon, la rusiaj regantoj kaptis la okazon kaj funkciigis sian planon.

## Sur aneksita tero

Kiam mi surteriĝas en Simferopolo duonjaron post la okazaĵoj, la flughaveno ne plu estas internacia. La ĉirkaŭa mondo ne rekonas la rusian anekson de Krimeo. La aviada organizaĵo de Unuiĝintaj Nacioj, ICAO, ne rekonas la rusian kontrolon de la Krimea aerspaco. Tial ĉi tien flugas nur rusiaj flugkompanioj, kaj nur el Rusio. Mi elektis la posttagmezan flugon de Ural Airlines el Moskvo. La unua afero kiun mi vidas en la flughaveno estas enorma rusia flago sur alta, ruĝblanke stria masto. La malgranda halo por alvenantoj estas gardata de kvin rusiaj policanoj, kaj kiam la valizoj post duonhora atendo fine aperas sur la rulbendo, ili devas esti donitaj al la polico por rentgenado, antaŭ ol ni rajtas elporti ilin. Kiam mi poste provas malfermi la valizon, montriĝas ke la cifera kodo ne plu funkcias, kaj mi devas rompi la seruron. Certe nura hazardo. Sed ĉi tie oni facile eksuspektas.

Estas la mezo de septembro, kaj en Krimeo varmas – multaj plu surhavas mallongan pantalonon. Ĉi tio estas la plej suda parto de Ukrainio, se kredi al UN, EU aŭ la ukrainia registaro. Sed preskaŭ ĉio, kion mi vidas, aludas ke efektive temas pri Rusio. La aŭtoj sur la parkumejo ja plu havas ukrainiajn numerplatojn, sed oni pagas per rusia valuto. Entuziasma ŝoforo proponas al mi veturon al la centro por 600 rubloj, proksimume trioblo de la valida prezo. Anstataŭe mi elektas la buseton, kiu kostas dek rublojn. Antaŭ la anekso la prezo estis 2,75 ukrainaj hrivnoj, sed sur la regultabulo en la antaŭa parto de la buso la malnova prezo estas kovrita per paperpeceto. Cetere la malnovaj reguloj por busveturantoj ŝajnas plu validi. La regultabulo estas nur ruslingva, precize kiel la plej multaj aferoj en Krimeo ĉiam estis. Super la antaŭa fenestro la busŝoforo pendigis rusian flageton.

Ĉi tie ĵus estis lokaj elektoj, kaj laŭ la vojo el la flughaveno al la centro staras reklamtabuloj de partioj. La komunisto Zjuganov promesas "honestan gvidadon", dum la partio de Putin, Unueca Rusio, memorigas ke ĝi estas "la teamo de venkintoj". Plej amuza estas la mesaĝo de la naciisma partio de Vladimir Ĵirinovskij: "Voĉdonu por ni – aŭ eltenu la malnovajn regantojn!" Ne tute klaras, kiujn malnovajn regantojn Ĵirinovskij celas – la antaŭa, demokratie elektita registaro de Krimeo ja estis eksigita de la rusia armeo fine de februaro.

Ĉiuj partioj, kiuj rajtas partopreni la septembrajn elektojn, kompreneble subtenas la rusian anekson de Krimeo. Kontraŭi ĝin estus separismo, grava krimo en Rusio. Kaj ĉiaj regionaj partioj krome estas malpermesitaj laŭ la leĝo.

La urboparto kie situas la flughaveno nomiĝas Komsomolskoje, laŭ la junulara sekcio de la komunisma partio de Sovetio. Post la moderna centro de Moskvo la vojaĝo al la ĉefurbo de Krimeo sentiĝas nostalgia ekskurso al betone grizaj memoroj pri la polve postsovetiaj 1990-aj jaroj. Kaj ne mirinde. Rusio kaj Ukrainio estas kiel du identaj boteloj kun mineralakvo, ukrainianoj iam ŝercis. La sola diferenco estas, ke la ukrainia botelo estas sen gaso. La gaso venas el Rusio. Kaj la nafto. La mono fluas en la mala direkto.

Unuavice ne la kompetento de Vladimir Putin kaŭzis, ke la ekonomio de Rusio draste turniĝis al forta kresko ĉirkaŭ la jarmilŝanĝo, sed la rapida altiĝo de la mondaj prezoj de nafto. Poste Putin ja lerte uzis la favoran ekonomian situacion por fortigi la ŝtatan potencon, por bridi la superriĉajn oligarkojn, por regi la amaskomunikilojn – kaj por krei hierarkian sistemon, kiu igis lin mem neanstataŭebla patro de la nacio.

Intertempe Ukrainio restis kaptita en longigo de la rusiaj 1990-aj jaroj, en pozitiva kaj negativa senco. Dum la najbaraj landoj, Rusio kaj Pollando, spertis rapidan ekonomian kreskon – Rusio kiel dirite unuavice pro la prezaltiĝo de nafto, Pollando pro sukcesaj reformoj – Ukrainio kun siaj malmoderna peza industrio kaj korupta administrado fiksiĝis en la pasinteco. Oligarkoj, kiuj je la disfalo de Sovetio per pli aŭ malpli honestaj rimedoj sukcesis transpreni fabrikojn kaj aliajn posedaĵojn, plu regis la landon en kiu preskaŭ ĉio estis havebla kontraŭ mono, ĉu decidoj de la imposta aŭtoritato, ĉu lokoj en la parlamento aŭ verdiktoj de la konstitucia kortumo. La importado de la rusia gaso, kiu estas gravega por la ukrainia ekonomio, estis monopoligita de suspektindaj firmaoj, kies anonimaj posedantoj gajnis miliardojn.

Ankaŭ la politika vivo en Ukrainio grandparte estis teatraĵo kiun reĝisoris la oligarkoj, ĉu el la kulisoj, ĉu rekte el la registaro. Strangaj privatigoj de peza industrio favore al oligarkoj kun la ĝustaj kontaktoj plu okazdis ĉi tie ankaŭ longe post la jarmilŝanĝo. Sed ĉar la grupoj de oligarkoj havis malsamajn interesojn, ĉi tio signifis ankaŭ, ke male ol en Rusio, en Ukrainio neniu povis komplete monopoligi la politikon aŭ la amaskomunikilojn. Eĉ dum la plej malfacilaj tempoj la kritikaj voĉoj en Ukrainio ne povis esti silentigitaj. En du revolucioj, 2004 kaj 2014, la popolo leviĝis por postuli finon de la eterne koruptaj 90-aj jaroj. Kaj ambaŭ fojojn oni protestis kontraŭ Viktor Janukoviĉ, la viro kiu en la jaro 2004 ricevis la malferman subtenon de Vladimir Putin, kaj mem klopodis gajni la favoron de la elektantoj kiel "ukrainia Putin".

Ĉi-foje ŝajnas, ke Janukoviĉ estis forpelita permanente. La rusia armeo ja kontrabandis lin al Rusio tra Krimeo, kelkajn semajnojn antaŭ la anekso.

Kaj fine mia buso atingas la grandan trafikcirklon tuj norde de la urbocentro. Ni veturas tri kvaronojn de la cirklo kaj preterpasas enorman sovetian loĝkoloson el betono. Ĉi tio estas Moskva placo. La ŝoforo ŝanĝas al malpli alta rapidumo en la deklivo supren, kaj baldaŭ ni atingas la urboparton kie mi planas loĝi – pliaj betonaj kestoj el la 1970-aj jaroj. La strato ricevis sian nomon laŭ Kecskemét, la hungaria ĝemelurbo de Simferopolo. Ĉe la bushaltejo mi trovas malgrandan nutraĵbutikon, kies montrofenestron plu ornamas reklamo en la koloroj de Ukrainio, flavo kaj bluo, kaj teksto en la ukrainia: *Ŝostka – mia amata fromaĝo el mia propra lando*. Mi eniras la butiketon kaj aĉetas manĝaĵojn. Ankaŭ la butiko estas kvazaŭ rekte prenita el la rusiaj 1990-aj jaroj – ĉiuj varoj estas malantaŭ la vendotablo, kaj la dikajn avenbiskvitojn, kiujn mi petas, la vendisto prenas unuope el la granda kesto kaj pesas. La lakto venas el Nalĉik sur la rusia ĉeftero. Kiam mi poste malfermas la skatolon, montriĝas ke la lakto jam estas acida, kvankam restas pluraj tagoj ĝis la limdato. Ne tute malofta okazaĵo, mi poste ekscias – la transportoj de la rusia ĉeftero ne ĉiam funkcias tiel glate kiel oni povus deziri.

La malgranda unuĉambra apartamento, kiun mi rezervis rete, apartenas al Aleksej. Li mem momente loĝas en la apartamento de siaj aĝaj gepatroj en la sama ŝtuparejo de la iom kaduka sovetia kvinetaĝa betonkesto. La familio bezonas la kroman enspezon, ĉar la patro estas severe malsana kaj devas regule veturadi al Moskvo por medicinaj pritraktoj.

– La sanprizorgo nun estas senpaga, kiam ni apartenas al Rusio. Kaj en Moskvo estas bonaj specialistoj, ili diras ke nia pritrakto de kancerpacientoj ĉi tie postrestas la evoluon je pluraj jardekoj. Sed la flugbiletoj ja ne estas senpagaj, diras Aleksej.

La dika televidilo en la angulo de la ĉambro montras nur rusiajn kanalojn.

– Antaŭe estis aliaj kanaloj. Estas inform-milito, diras Aleksej.

Sur la muro de la antaŭĉambro restas fiksita sovetia elektromezurilo fabrikita en la jaro 1972, laŭ indiko premita sur la bakelita skatolo. La du malnovmodaj porcelanaj fandaĵoj tamen estas anstataŭitaj de modernaj aŭtomataj sekurigiloj, kiuj estas ŝraŭbe fiksitaj sur la bruna bakelito. En la ŝtuparejo pendas kaosa amaso da dratoj kaj moderne orda, griza metala ŝranko. Tio estas la retligo. Kiam mi ligiĝas al ĝi, la IP-numero indikas, ke mi situas ie proksime al Kievo en Ukrainio. La fiksaj komunikaj linioj de Krimeo restas ligitaj al la ĝenerala reto de Ukrainio. Sed se mi anstataŭe ligiĝas al la reto per mia poŝtelefono kun rusia SIM-karto, mi ekscias, ke mi troviĝas en la distrikto de Krasnodar en suda Rusio. La poŝtelefona reto estas nun konektita al Rusio, kaj nur la plej obstinaj ukrainiaj patriotoj plu uzas siajn ukrainiajn SIM-kartojn. Ili devas pagi kostajn internaciajn vokojn por telefoni al siaj najbaroj.

Vespere mi promenas en la urbo kun Paŭlo – esperantisto, kuracisto kaj bloganto, kiun mi jam iom konas tra la reto. Li estas ruslingvano, li naskiĝis kaj kreskis en Krimeo – kaj li kontraŭas la anekson. Ĝi ne okazis korekte, li diras. Efektive li kaj aliaj laborantoj de la publika sektoro ekhavis pli altan salajron, eĉ se ankaŭ la prezoj aliĝis. Se ne tio plej gravas, li opinias.

En sia ruslingva blogo li ĝis la lasta momento provis argumenti kontraŭ la anekso. Ĝi signifus la finon de demokratio kaj esprimlibereco, kaj kaŭzus ke marĝenaj rusiemaj politikistoj kun dubinda pasinteco ekhavus la potencon. Multrilate okazis ĝuste tiel. Sed lastatempe Paŭlo mem ne plu havas fortojn interesiĝi pri politikaj aferoj. Li simple ne plu emas pensi pri tio, eble temas pri ia defend-mekanismo, li diras.

Sed kiom da homoj en Krimeo opinias kiel li? Estas preskaŭ neeble scii. Laŭ opinisondadoj la subteno por aliĝo al Rusio dum la lastaj jaroj variis de iom sub 30 al iom super 40 procentoj. Unu sondado en majo 2013 indikis subtenon de nur 23 procentoj. Eĉ se la subteno supozeble kreskis lige kun la neklara situacio en Kievo, ĝi certe neniam estis proksima al tiuj 97 procentoj, kiujn indikas la oficiala rezulto de la referendumo. Tamen ja kredeblas, ke majoritato de la krimeanoj nun subtenas – aŭ almenaŭ ne malferme oponas – la anekson. Ja estas kompreneble, ke oni facile stariĝas sur la flanko de la fortulo, precipe se montrante devian sintenon oni povas nur perdi avantaĝojn.

Ne nur la betonaj antaŭurboj, sed ankaŭ la centro de Simferopolo havas klaran etoson de provinca Rusio en la 1990-aj jaroj. Multaj konstruaĵoj klare bezonas riparon, kaj la malgrandaj, ofte iom eluzitaj butikoj eĉ en la centro ne estis anstataŭitaj de grandaj vendejaj ĉenoj kaj luksaj aĉetcentroj. La trafiko sur la mallarĝaj stratoj estas densa, kaj la oreloj ne rajtas ripozi eĉ en la Infana parko ĉe Avenuo de Kirov – rusa populara muziko fluas el laŭtparoliloj kiuj estas fiksitaj al ĉiu lampfosto. La infanoj de Simferopolo ricevis novajn ludilojn: grandajn trampolinojn, kies subaj partoj havas la kolorojn de la rusia flago.

Ni preteriras la okangulan sovetepokan parlamentejon. Ĉi tie ĉio komenciĝis en februaro. Kiam mi telefonis al Paŭlo la tagon post la sturmo de la parlamento, li jam vizitis la urbocentron por vidi, kio okazas. Li tamen daŭre ne estis konvinkita, ke la parlamenton efektive okupis rusiaj militistoj – tio ŝajnis tro malprobabla. Sed tio ja estis evidenta, li nun diras, li nur ne volis kredi.

Kaj li ne estis la sola. Preskaŭ ĉiuj spertuloj, ĉu en la okcidento, ĉu en Rusio, ĝis la lasta momento estis konvinkitaj, ke Rusio ne konkeros Krimeon nek sendos trupojn en Ukrainion. Ĉar eĉ se ni en nia ĉiutaga vivo estas devigitaj konsideri, ke diversaj homoj povas havi malsamajn mondorigardojn, malsamajn konceptojn pri moralo kaj malsamajn prioritatojn, ni surprize ofte atendas, ke politikaj decidantoj en aliaj landoj agu same kiel ni mem farus en simila situacio, laŭ kriterioj, kiujn ni mem opinias evidentaj kaj nekontesteblaj. Tion oni nomas spegulpensado – ni supozas ke ĉiuj aliaj rezonas same kiel ni mem.

Tial la penso, ke Rusio povus aneksi Krimeon, impresis komplete neracia. Ekzistis neniaj konkretaj minacoj al la ruslingva loĝantaro en Krimeo – nek ie aliloke en Ukrainio. Milita enmiksiĝo de Rusio signifus grandajn ekonomiajn perdojn kaj malpli bonajn vivkondiĉojn por granda parto de la rusia loĝantaro. Krome agresa agado flanke de Rusio signifus internacian izoliĝon de la lando kaj fortigon de la ĉeesto de NATO en Eŭropo.

Kaj tamen ĝi okazis.

La rusia anekso de Krimeo iĝis turnopunkto en la postmilita historio de Eŭropo, kies tutan signifon ni ankoraŭ ne povas taksi. Ĝis tiam ni vivis en mondo, kie estis nepenseble, ke landolimoj meze de Eŭropo povus esti ŝanĝitaj per uzo de milita forto. En mondo, kie faritaj promesoj kaj interkonsentoj estis respektataj. Sed nun povas okazi kio ajn. Aŭ eble ĉiam estis tiel – ni nur ne kuraĝis vidi, kio sin kaŝas sur la alia flanko de la spegulo?

Nun la ŝtata blazono de Ukrainio ĉiuokaze estas forigita de sur la fasado de la parlamentejo en Simferopolo, kaj la trilingva teksto sur la fasado estas for. La nova ŝildo estas nur ruslingva, kvankam la rusia Krimeo laŭdire havas tri oficialajn lingvojn – la rusan, la ukrainian kaj la krime-tataran. La sola oficiala konstruaĵo, sur kiu mi dum mia vizito vidas trilingvan ŝildon, estas la malnova rusia konsulejo en la proksimeco. La konsulejo nun iĝis "Reprezentejo de la Ministerio de eksterlandaj aferoj de Rusia Federacio en Respubliko Krimeo".

En granda aĉetcentro ŝajne troviĝas la sola moderna superbazaro en la centra parto de la urbo – ĉi tie oni rajtas mem meti la manĝaĵojn en sian aĉetkorbon. Sed ne pagi per karto. La bankokartoj, kiujn Paŭlo ankoraŭ havas, nun estas nur suveniroj de pasinta epoko – la ukrainiaj bankoj en Krimeo estis fermitaj, la monon en la konto ne eblas elpreni, kaj la salajro estas pagata kontante.

Tiuj, kiuj prenis kreditojn en la ukrainia tempo, aliflanke ne bezonas pensi pri repagado – tion diris Vladimir Putin mem en sia "rekta linio" en televido, kiam krimeano demandis, kion li faru pri la kredito, kiun li prenis por aĉeti aŭton. "Trankvile stiru vian auton. Se ili ne volas vian monon, tio estas ilia problemo", la prezidento klarigis. Tuj poste li promesis, ke la posedantoj de ŝparkontoj en la fermitaj bankoj ricevos rekompencon de la rusia ŝtato. Sed la burokratio estas tiel komplika, ke Paŭlo ĝis nun ne emis okupiĝi pri la afero.

– Ĉiaokaze mi ne havis tre multe da mono en tiu konto.

Sed estas aliaj, kiuj klopodas duobligi sian ŝparkapitalon, postulante la saman monon kaj de la rusia ŝtato kaj de sia ukrainia banko.

Kiel ajn, ĉar la ukrainiaj bankokartoj ne plu funkcias, Paŭlo scias nenion pri eventuale funkciantaj bankaŭtomatoj, kiam mi demandas. Li iom dubas, ĉu en Krimeo entute eblas elpreni monon per eksterlanda bankokarto.

La unua aŭtomato ne funkcias. La dua bruas pripenseme dum momento, sed fine elsputas staketon da glataj rusiaj rubloj. Mi estas savita. Nur tri monatojn poste Krimeo efektive estas elfermita el la sistemo de internaciaj kreditkartaj transpagoj.

En malgranda promenstrato ni neatendite renkontas la rusian popolisman politikiston, Vladimir Ĵirinovskij. Pli proksime montriĝas, ke li estas kartona figuro en natura grandeco. Li staras apud vitrumita pavilono, kiu nomas sin "la unua rusia kafejo en la rusia Krimeo". La pavilono staras meze de la promenstrato, sen la necesaj permesoj, kaj ĝin tial minacis malkonstruo. Sed la posedanto de "la unua rusia kafejo" rapide havigis al si bonajn kontaktojn, kaj kiam la malkonstruado devis komenciĝi, montriĝis ke en la pavilono manĝas sian lunĉon rusia parlamentano el la partio de Ĵirinovskij. Tute hazarde ja. De tiam la kartona Ĵirinovskij staras ekster la pavilono kaj gardas sian novan teritorion, kiun neniu plu kuraĝas minaci.

❖

# Ruslingva kranio

Sur la skribtablo kuŝas tri dissegitaj homaj kranioj, apud la gazetoj, skribiloj, poŝtelefono kaj rusia kvindekrubla monbileto. Ili ja estas plastaj, ĉu ne, mi diras dispense, kaj fingrumas unu el la kranioj. Ĝi ja sentiĝas kiel plasto.

– Ne, kion vi kredas? Kompreneble estas veraj kranioj, ni mem preparas ilin, diras mia konato Paŭlo, la kuracisto. Li prenas unu el la kranioj en la manon kaj montras al ora dento.

Mi sentas min malkomforte, pensante pri tio, ke mi ĵus tuŝis la kranion de mortinta homo, kaj iom pli malkomforte pensante pri tio, ke la tri kuracistoj kiuj nun sidas en la malgranda oficeja ĉambro ĉiutage en sia laboro uzas pecojn de mortintaj homoj.

– Tiel ni laboras ĉi tie, ni uzas ĉiam veran materialon de homaj korpoj kaj ne plastajn modelojn en la instruado, klarigas Paŭlo.

Poste li iom ridas kaj daŭrigas:

– Ja estas ruslingva kranio, evidente.

La aliaj du kuracistoj en la ĉambro, Pjotr kaj Guliver, oblikve ridetas. Jes, la ŝerco estas iom kruda, sed ĉiuj tri komplete tediĝis al la rusia televida propagando pri ukrainiaj faŝistoj, kiuj krucumas ruslingvajn infanojn, aŭ kiu ajn estas la nun aktuala fabelo. Sekve ja estas memklare, ke la mavaj kuracistoj havas sur sia tablo ĝuste ruslingvan kranion, klarigas Paŭlo.

Ni trinkas teon en la dua etaĝo de flanka konstruaĵo de la Instituto por normala anatomio de la Krimea medicina universitato en Simferopolo. Paŭlo metas sian tason sur la tablon, tuj apud la tri kranioj.

Kaj ja certe ĝuste ruslingvan kranion mi ĵus fingrumis – en Krimeo preskaŭ ĉiuj estas ruslingvanoj, ankaŭ Paŭlo mem, kaj Pjotr, eĉ se li havas parencojn ankaŭ en Ukrainio. Ankaŭ Guliver ĉefe parolas la rusan eĉ hejme, kvankam li estas krimea tataro. La ukrainan ĉiuj tri lernis kiel fremdan lingvon. Tamen ili ĉiuj estas kontraŭuloj de la rusia anekso de Krimeo. Neniu el ili partoprenis en la nerekonita referendumo la 16-an de marto.

– Sed mi kredas ke al la plej multaj ne treege gravas, se nur ili ricevas sian salajron. Speciale se la salajro eĉ altiĝas. Se oni diras al ili en televido, ke nun devas esti ĉi tiel, ili kontentos pri tio, diras Guliver.

Pjotr havas fraton, kiu ĝis lastatempe servis en la ukrainia armeo en Krimeo. Iuj el liaj kamaradoj transiris al la rusia flanko, sed tion ne volis fari la frato de Pjotr. Li nun forveturis el Krimeo kaj militservas aliloke en Ukrainio. La parencoj en Rusio tute ne povas kompreni, kial li kaj Pjotr ne bonvenigis la rusian anekson – la parencoj ja spektis televidon kaj eksciis, ke la nova ukrainia registaro konsistas el faŝistoj. Kaj de tiuj faŝistoj oni do savis la krimeanojn.

– Kiam mi parolas en telefono kun mia onklino en Rusio ŝi tute ne aŭskultas, kion mi diras, ŝi nur ripetadas kion ŝi aŭdis en televido. "Mi fidas nian registaron", ŝi diradas.

Alia kolego eniras la ĉambron, kolektas iujn aĵojn, sed rapide denove eliras, kiam li rimarkas pri kio temas la interparolo. La kolego subtenas la anekson, mi poste ekscias. Aŭ "la reunuiĝon", kiel oni nun oficiale nomas ĝin.

– Facile iĝas tiel, oni evitas paroli pri politiko kun tiuj, kiuj havas alian vidpunkton, tiam pli facilas paroli pri aliaj aferoj, diras Guliver.

Li mem volas plu konsideri sin ukrainia civitano, kvankam li kontraŭvole akceptis la rusian pasporton.

– Ili diras al mi, ke mi nun estas rusia civitano, kaj ke mi devas akcepti la pasporton, se mi plu laboru ĉi tie.

La plej multaj krimeanoj tamen konservis ankaŭ siajn ukrainiajn legitimilojn. Se ili veturas trans la nova limo, ili povas unue montri la rusian pasporton al la rusiaj limgardistoj, kaj poste la ukrainian pasporton al la ukrainiaj gardistoj.

Paŭlo volas montri al mi la muzeon de la anatomia instituto, kaj ni foriras el la malgranda oficeja ĉambro. En la ŝtuparo ni preterpasas desegnitan, kolorigitan portreton de severa, kalva viro en blua jako kaj vangobarbo de speco kiu estis populara en la 19-a jarcento. La viro estas Nikolaj Ivanoviĉ Pirogov.

La anatomiaj studoj en Krimeo havas tradicion ekde la 1850-aj jaroj, kiam Rusio provis fortigi sian influon en Meza Oriento kaj en la regiono de Nigra Maro. Fine de la 18-a jarcento Rusio konkeris la Krimean duoninsulon, kiu ĝis tiam subiĝis al la Otomana regno. Kiam

Rusio post kelkaj jardekoj volis konkeri pliajn regionojn, la koloniaj potencoj Britio kaj Francio volis haltigi la evoluon. La rezulto estis la sanga krimea milito, dum kiu Nikolaj Ivanoviĉ Pirogov fondis la modernan militan kirurgion.

Post kiam li dissekcis multajn frostajn korpojn Pirogov povis eldoni sian grandan anatomian atlason, kiu havis esencan rolon por la plua evoluo de kirurgio. *Mortui docent vivos* – mortintoj instruas la vivantojn, estas skribite sur la fasado de la ĉefa konstruaĵo de la instituto pri anatomio. La muzeo troviĝas en larĝa koridoro sur la dua etaĝo. Sur la bretoj estas malnovaj kirurgiaj instrumentoj kaj vitraj ujoj kun preparitaj homaj organoj, kiujn mi preferas ne rigardi tro proksime. Sur honora loko staras ekspozicio kun la nomo "Pirogov en Simferopolo", kun oleaj pentraĵoj kiuj montras la grandan kirurgon laboranta, kaj kun kvar vaksofiguroj: kuŝanta, razita paciento, flegistino kaj du pensemaj, barbaj viroj en vestaĵoj de la 19-a jarcento. La simileco kun la portreto ne estas okulfrapa, sed la pli barba el la du kalvuloj ŝajne celas simili al Pirogov.

Laŭ surmura ŝildo la ekspozicio apartenas al "Ministerio de sano de Sovetio, Medicina instituto de Krimeo". Neniu havis tempon ŝanĝi la ŝildon post la disfalo de Sovetio, kaj tio ja estas en ordo, ĉar jam tempas denove. La ukrainia ŝtata medicina universitato devos iĝi rusia. Sed ankoraŭ ne tute klaras la afero pri la estonta statuso de la universitato, kaj pri tio, sub kiu rusia ministerio ĝi estu lokita. Ĝuste tio zorgigas Tatjana Fominiĥ, la ĉefon de la anatomia instituto. Nepre estu ministerio de sano, samkiel estis en Ukrainio, ĉar ministerio de edukado nenion komprenas pri la sistemo de sanprizorgo, en kiu la novaj kuracistoj laboru post sia diplomiĝo, ŝi opinias.

Sed tio fakte estas la sola afero kiu zorgigas ŝin, cetere evidentas ke ĉio iĝos nur pli bone nun, kiam Krimeo finfine revenis hejmen al Rusio, ŝi diras, dum ŝi boligas akvon por kafo en sia malgranda laborĉambro.

– Ne aŭskultu Paŭlon kaj tiujn aliajn, kiuj nun daŭre plendas pri ĉio, mi tute ne komprenas pri kio ili pensas. Ili verŝajne nur decidis, ke ili ne ŝatas Rusion, kaj tiam pri ĉio kulpos Rusio.

Efektive kelkaj ukrainiaj studentoj forlasis la universitaton, sed aperis aliaj – krimeanoj, kiuj ne plu volas studi en Ukrainio, kaj rusoj el aliaj partoj de Ukrainio, kiuj nun decidis studi ĉi tie. Kaj ankaŭ la babiloj pri problemoj en la pagado de la salajroj estas senbazaj. Jes ja, la ukrainiaj bankoj estis fermitaj kaj la bankokartoj ĉesis funkcii. Sed la rusianoj rapide havigis al si kontantan monon, kiu estis liverita al la universitato tiel ke la salajroj povis esti pagitaj. Kaj la salajroj altiĝis multe pli ol la prezoj. Cetere ja ne la ekonomio gravas, sed tio, ke Krimeo fine trovis la vojon hejmen al Rusio, kaj ke ĉi tie ne estas milito, atentigas Tatjana Fominiĥ.

Kaj ĉio ja pasis tute trankvile, ŝi diras. Ŝi mem apenaŭ vidis signojn de la nun mondfamaj verduloj, nur armean veturilon, kiu staris proksime al la universitato dum mallonga tempo. Jes ja, estis soldatoj ĉe la parlamentejo, sed ĝi ne situas proksime.

– Ĝenerale neniu pensis, ke ĉi tio povus okazi. Mi estis tre maltrankvila, kiam la manifestacioj komenciĝis en Kievo, ĉar mi komprenis, ke tio finiĝos malbone. Mi havas konaton en la sekurservo, mi foje renkontas lin, ĉar li respondecas pri la restadpermesoj de la eksterlandaj studentoj kaj similaj aferoj. Kaj nur kelkajn tagojn antaŭ la okazaĵoj mi demandis lin, kio okazos. Li diris, ke Krimeo neniel povas iĝi parto de Rusio, pro pluraj kialoj. Sed kion ni faru do, mi miris, tiuj el Ukrainio ja venos ĉi tien kaj mortigos min.

Tatjana Fominiĥ ne scias bone klarigi, kial la ukrainianoj nun subite volus mortigi ŝin kaj ĉiujn aliajn ruslingvanojn en Krimeo. Sed ili ja minacis fari tion, ŝi insistas.

Ajnakaze ĉio estis tute trankvila en Simferopolo, kaj antaŭ la apero de la verdaj soldatoj, kaj post ĝi, ŝi diras.

– Ĉio tio okazis ege subite. Estas longa vojo el Kievo al Krimeo, pli longa ol al aliaj partoj de la lando, kaj estas maro inter ni kaj la ĉeftero, do ĉi tie estis trankvile. Kaj jen subite ni vekiĝas en la mateno kaj ekscias, ke la parlamento estas okupita de soldatoj kiuj defendas la konstruaĵon. Mi iĝis ĝoja, ĉar mi komprenis, ke tio estas niaj viroj, kaj ne ukrainianoj.

Kiel vi eksciis tion?

– Mi simple komprenis tion. La antaŭan vesperon mi estis ege maltrankvila, post la manifestacio, mi pensis ke ĉi tie iĝos milito. Tio kio okazas en Ukrainio estas ja terura, oni apenaŭ rajtas diri duonan vorton en la rusa tie, kvankam ili ŝajnigas ke ili havas demokration. Sed tiel ne estas.

Multaj en Rusio efektive estas konvinkitaj, ke nun estas vivdanĝere paroli ruse en Ukrainio. Eble ne mirinde, se konsideri ke la plej multaj rusianoj ricevas siajn informojn pri la okazaĵoj de la najbara lando tra ŝtataj propagandaj kanaloj. Pli surprize estas, ke ankaŭ en Krimeo multaj ŝajnas kredi ĉi tiujn rusiajn televidajn fabelojn, kvankam ili devus proprasperte scii, ke ĝuste la rusa kaj ne la ukraina estas la ĉefa lingvo en grandaj partoj de la lando, ekzemple en la ĉefurbo, Kievo. Jes, ĉiuj ŝildoj estas en la ukraina de multaj jaroj, sed preskaŭ ĉiuj parolas ruse inter si. Dum mia lasta vizito en Kievo aŭtune de 2014, kiam la milito en la oriento jam daŭris de longe, okazis nur unu fojon, ke la kasisto en superbazaro alparolis min en la ukraina. Tuj en la vico malantaŭ mi alia kliento iom amuziĝis pri la ukraina vorto por plasta sako kiun la kasisto uzis. Ne malice, ĉefe ŝerce. *Torba?* li ripetis. Efektive sonas amuzete en la rusa, ne kiel ordinara plasta sako, sed prefere kiel dorsosako de vilaĝano en malnovaj tempoj. Jes ja, *torba*, aŭ *torboĉka*, respondis la kasisto ridante, en la ukraina. Kaj jen ĉio. Poste mi aŭdis, ke ĝuste tiu kasisto estas konata pro tio, ke ŝi ĉiam parolas ukraine. Tiel malmultaj konsekvence publike parolas la ukrainan en Kievo, ke oni povas iĝi priparolata nur pro tio – kaj tamen la rusia propagando asertas, ke tiu, kiu parolas la rusan en Kievo, riskas ricevi batadon.

Tio kompreneble ne signifas, ke oni ne parolas la ukrainan en Kievo, multaj ja faras tion – sed en preskaŭ ĉiuj ĉiutagaj situacioj la rusa estas la unua elekto kiam nekonataj homoj alparolas unu la alian.

En Krimeo la rusan parolas ĉiuj, la plej multaj lernejoj ĉiam estis ruslingvaj, kaj ĉiuj oficialaj dokumentoj estis ruslingvaj jam antaŭ la anekso. Opinisondadoj indikas, ke la oficiala statuso de la rusa lingvo dum la ukraina tempo ne tre zorgigis la loĝantojn de Krimeo. En esploro farita de la usona International Republican Institute en majo 2013 entute 1200 loĝantoj de Krimeo ricevis demandon pri tio, kiuj laŭ ili estas la plej gravaj politikaj demandoj en la duoninsulo. Plej alte sur la listo aperis senlaboreco, la altaj prezoj, la nefunkcianta industrio, la korupteco de la potenculoj kaj malriĉeco.

La statuso de la rusa lingvo troviĝis sur la 14-a loko inter la plej gravaj demandoj, kaj estis menciita de nur 4 procentoj el la respondintoj. La plej grava demando, senlaboreco, estis menciita de 68 procentoj. Iom pli alte ol la statuso de la rusa lingvo estis "rilatoj kun Rusio". Ilin opiniis grava demando 12 procentoj el la respondintoj. Tamen nun multaj asertas ke ĝuste la subpremita stato de la rusa lingvo en Krimeo estis grava kialo pro kiu Krimeo devis esti aneksita.

Strategie kompreneble estis katastrofo, ke la ukrainia parlamento post la februara revolucio 2014 denove tuj ekdiskutis la eternan demandon pri lingvoj, kaj volis nuligi la leĝon pri regionaj lingvoj kiu donis al la rusa oficialan statuson en kelkaj regionoj. La leĝo estis simbole grava demando, ĉar ĝin enkondukis la partio de la nun fuĝinta prezidento, kaj tial liaj kontraŭuloj nun volis enrubujigi ĝin kaj verki novan. La portempa ŝtatestro, la prezidanto de la parlamento Oleksandr Turĉinov, tamen rifuzis subskribi la decidon, kaj la malnova leĝo plu validas – sed tio jam ne helpas. Multaj en Krimeo estis konvinkitaj, ke la novaj potenculoj en Kievo denove volas "malpermesi la rusan lingvon" – kvankam la leĝo pri regionaj lingvoj neniam eĉ estis enkondukita en Krimeo. Ĝi ne estis bezonata, ĉar jam la ukrainia konstitucio de Krimeo de 1998 klare garantiis la statuson de la rusa lingvo en la publika administrado de Krimeo, kaj ĉies rajton al lernado en la propra lingvo.

Kaj Tatjana Fominiĥ ja estas konvinkita, ke paroli la rusan estas danĝere en Ukrainio. Krome la infanoj kantas la himnon de Ukrainio en la lernejo!

– Kaj ili metas armilojn en la manojn de malgrandaj infanoj, vi ja vidis tion? Tio ne estas ĝusta.

Kantado de la nacia himno en la lernejo ne ŝajnas ekstreme danĝera, kaj la asertoj pri ukrainiaj infanaj soldatoj estas plia rusia propagando. Sed ni iom flankeniĝis de la aneksado de Krimeo – pardonu, reunuiĝo. Kio fakte okazis?

– Estis ĵaŭdo, la 27-a de februaro, kaj ni devis havi instruadon, sed niaj estroj decidis ke ĉiuj studentoj iru hejmen. Mi mem opiniis, ke estus pli bone havi ilin ĉi tie ol ellasi ilin en la urbon. Sed ĉio estis trankvila, mi eĉ ne havis tempon vidi la verdulojn, kiel dirite, ĉar mi veturas nur al la laboro, kaj poste denove hejmen. Sed multaj ja aliris ilin kaj fotis, aŭ estis fotitaj kune kun ili, multaj virinoj kaj infanoj. Ĉiuj certe opiniis, ke estas bona afero. Kaj ĉu vi scias, la tataroj ja postulis, ke la statuo de Lenino estu disrompita! Tie mi havas tute malan opinion, kaj pri politiko kaj pri la vivo ĝenerale. Mi volas, ke Lenino restu.

Kial Lenino devas resti?

– Kial oni disrompu lin? Mi ne volas tion. Mi ne volas, ke oni entute rompu ion ajn. La statuo estas historia monumento. Kaj ili ne nur volis forpreni lin, ili krome volis renomi Placon de Lenino. Tion mi ne ŝatas, ne nur pri Lenino temas ja. La socialismo kiun ni havis antaŭe, laŭ mi ĝi estis bona. Tio ja estis mia hejmlando, de tie mi venas. Mi naskiĝis en 1967, kaj mi tre bone memoras, kiel estis en miaj infanaĝo kaj junaĝo. Iuj diras, ke tiam estis malbone, sed mi opinias ke la vivo tiam estis bona.

Tatjana Fominiĥ tute ne estas la sola amiko de Rusio en Krimeo, kiu efektive ŝajnas sopiri reen al Sovetio. Sed la hodiaŭa Rusio tamen ja ne estas la sama afero kiel la Sovetio de ŝia junaĝo? Kion vere sciis la krimeanoj pri la Putina Rusio antaŭ la reunuiĝo?

– Ni nenion sciis. Ĉio ja estas tute nova, pasis pli ol dudek jaroj de kiam ni estis kune. Kaj Rusio ja denove iĝis forta antaŭ nur kelkaj jaroj. Nun ili refunkciigis la industrion, kaj ili atingis tion, pri kio nur revas Ukrainio – liberiĝi de koruptado. Kompreneble iom da koruptado ja estas eĉ en Usono. Sed ĉi tiu malfermeco, ĉio estas publika, da tio estas pli el Rusio.

Kiel ekzemplon pri la rusia malfermeco Tatjana Fominiĥ mencias, ke la rusia televido havas programon pri ekonomio. Sed ŝi mem ne havas fortojn spekti ĝin.

– Ege teda programo, ili parolas tutan horon nur pri financoj. Tion ili montras ĉiutage. Mi kredas ke ili klopodas igi la homoj kompreni, kien la mono iras. Kaj tio ja estas bona.

Fakte tamen la rusiaj ŝtate regataj amaskomunikiloj ŝpareme informas pri tio, kiel la mono de la impostpagantoj estas uzata. Somere de 2014 la registaro jam la duan sinsekvan jaron decidis elspezi la pensiajn kotizojn pagitajn de privatuloj, anstataŭ investi ilin en fondusoj, kiel promesite – la anekso de Krimeo ja ne estis tute senpaga por la ŝtata kaso. La skandala decido ne ricevis multan atenton en la ŝtataj amaskomunikiloj, kaj kiam la vicministro pri ekonomio, Sergej Beljakov, en sia paĝo en Facebook skribis ke li hontas pro tio, ke la ŝtato ne tenas siajn promesojn al la homoj kiuj ŝparas por siaj pensioj, li tuj estis eksigita.

Sed la mono ja iris al pli altaj salajroj por la dungitoj en la publika sektoro en Krimeo, do ne mirindas, ke Tatjana Fominiĥ kaj ŝiaj kolegoj estas kontentaj. Tamen, eĉ en Rusio ne ĉio estas perfekta, pri tio Tatjana Fominiĥ konsentas.

– Mi pensis, ke en Rusio ne estas kretenoj, sed evidentiĝis ke ja estas multaj, kaj kelkaj grimpis alten, tion mi devas diri. Ĉi tiuj homoj kiuj volas havi potencon, multaj el ili volas nur alproprigi monon. Ja ĵus iu ministro ŝtelis miliardon, kaj nun oni ĉasas lin. Putin simple ne havas tempon kontroli ilin ĉiujn, temas pri tio. Sed mi ja tre ŝatas Putin. Mi opinias, ke li estas la plej bona estro en la tuta historio de la homaro.

Kial Putin estas tiel bona do?

– Ĉar li estas honesta homo, mi komplete fidas lin. Ĉiuj decidoj, kiujn li faras, estas bonaj. Mi ŝatas lian manieron agi. Li havas memrespekton, li havas sian propran opinion pri aferoj kaj neniam ŝajnigas ion alian. Kaj li ne minacas aliajn. Kiam li iĝis prezidento li estis la unua, kiu ne faris sian novjaran paroladon en la laborĉambro, sed ekstere, sur la Ruĝa placo. Li estis juna, kun ĉampanglaso en la mano, kaj li faris novjaran paroladon kiu estis tute eksterordinara. Mi tuj ekŝatis lin.

Fakte tamen Vladimir Putin faris sian unuan novjaran paroladon en sia laborĉambro, precize kiel lia antaŭulo Boris Jelcin kutimis fari. Kaj la ĉampanglason havis Jelcin, ne Putin. Sed la novjara parolado ja estis tre bela – bedaŭrinde Putin poste ne tenis siajn promesojn defendi la atingojn de demokratio kaj esprimlibereco en Rusio. Aliflanke li dum postaj jaroj ja faris novjarajn paroladojn ekstere, tamen ne sur la Ruĝa placo, sed interne de la muroj de Kremlo. Sed plej gravas la impreso, kaj Tatjana Fominiĥ vere estas impresita de la karismo de Putin. Por ŝi Putin estas enkorpiĝo de ĉio bona en ŝia nova hejmlando, Rusio.

– Mi ŝatas ĉiujn liajn decidojn, li ĉiam faras tion, kio estas plej bona. Li estas granda strategiisto. Se li tenas paŭzon, la tuta mondo atendas kaj miras: Kial Putin silentas? Ja ĝuste tiel estis, li diris nenion dum kvin tagoj, kiam ĉiuj atendis, ke li diru ion pri Ukrainio. Ĉiuj aliaj estis tute histeriaj, sed li silentis, precize kiel sur teatra scenejo. Li estas tre saĝa, li ĉiam zorge pripensas siajn eldirojn kaj agojn. Kaj plia afero gravas, li estas kompetenta en preskaŭ ĉiuj fakoj. Li provas kompreni kiel aferoj statas, li vizitas la armeon, li povas veturi sur kirasŝipo, li naĝas. Li estas juna kaj forta, li ne drinkas, li ne fumas, li antaŭenigas sanan vivstilon. Ne multaj gvidantoj faris tion. Kaj li reenkondukis GTO, ankaŭ tio estas ĝusta decido.

GTO signifas *Gotov k Trudu i Oborone*, Preta por Laboro kaj Defendo. Ĝi estis unu el la fundamentoj en la programo pri patriota edukado, kiu estis enkondukita en la sovetiaj lernejoj en 1931, kaj signifis, ke la lernejanoj ekde la aĝo de 10 jaroj kolektu poentojn atingante diversajn celojn en kurado, naĝado, globĵetado kaj aliaj sportoj, inter kiuj estis ankaŭ pafado per militaj armiloj kaj ĵetado de grenadoj. La programo malaperis kune kun Sovetio, sed nun efektive estis reenkondukita per decido de Vladimir Putin. Ekde 2015 la prezidento ĉiujare la 1-an de majo ricevu raporton pri la fizika stato de la loĝantaro, indikas ordono kiun li subskribis en marto 2014. Kaj tio estas bona, opinias Tatjana Fominiĥ.

– Mi ne ŝatas, kiam homoj permesas al si dikiĝi, do li faras tute ĝuste. Mi fakte tute admiras lin. Se io estas malĝusta, mi ĉiam pensas, kiel Putin korektus tion, se nur li ekscius. Precize kiel estis pri Stalino siatempe. Eble tio ne estas tute ĝusta, sed mi respektas ankaŭ Stalinon. Ne ĉar li estus brutala, li ne estis. Sed post lia morto oni trovis ĉe li nenian posedaĵon krom paro da botoj kaj militista jako. Li nenion gajnis el la lando, li servis la landon. Sed Stalino kompreneble ne estis same perfekta kiel Putin. Eĉ la kritikantoj de Putin ja agnoskas, ke li vivas por la lando. Tio estas tre grava. Eĉ liaj kontraŭuloj, se ili estas honestaj kaj saĝaj, konfesas ke li estas bona prezidento.

Ke la tempo de Putin ĉe la potenco signifus limigojn de la esprimlibereco, tion Tatjana Fominiĥ tute ne kredas.

– Liaj kritikantoj ja malferme parolas pri tiu manko de esprimlibereco. Kaj plu ekzistas Eĥo Moskvi, opozicia radiostacio. Neniun oni malliberigas. Nu jes, oni enkarcerigis Ĥodorkovskij, sed tio estis pro financaj maĥinacioj. Putin parolis ja kun li kaj diris ke li restu ĉe sia fako, sed li komencis subteni opoziciajn partiojn.

Sed kion pri Krimeo, kio okazis post kiam la verduloj aperis, mi demandas.

– Ni havis referendumon, ĉiuj estis tre ĝojaj, vere ĝojaj, kaj en la nokto kiam ni turnis la horloĝojn al rusia horo estis vera popola festo. Mi loĝas ĉi tie proksime al la fervoja stacidomo, kaj tie estis popolamasoj kiuj festenis kun ĉampano la tutan nokton pro tio ke ni returnis la horloĝon. Tio estis vera, nenion tian oni povas surscenigi, estis honesta ĝojo.

La referendumo estis laŭleĝa kaj ĉio okazis tute ĝuste, tion ja neniu povas kontesti, opinias Tatjana Fominiĥ.

– Putin ja estas tiel saĝa viro, li kompreneble ne povis permesi ajnajn jurajn misojn. Neniu juristo ja kontestis la leĝecon de la referendumo, ĉu? Oni ja faris ĉion kiel eble laŭleĝe, kaj ni krome havis internaciajn observantojn, eĉ el Finnlando estis iu. Tion ni vidis en la televido, la observantoj estis ĉi tie la tutan tempon.

En la vero tamen en Krimeo estis neniuj oficialaj internaciaj observantoj, ĉar la referendumo estis kontraŭleĝa kaj ne estis rekonita de UN aŭ OSKE, Organizo por Sekureco kaj Kunlaboro en Eŭropo. La "internaciaj observantoj", kiujn oni paradigis antaŭ rusiaj televidkameraoj, anstataŭe konsistis el reprezentantoj de dubindaj Putinemaj politikaj grupoj, ofte kun ligoj al la ekstrema dekstro. El Finnlando partoprenis Johan Bäckman, subtenanto de Putin kiu krome titolas sin "oficiala reprezentanto de Popola respubliko Donecko en Finnlando". En Finnlando li estas konata interalie pro la aserto ke en Finnlando estas okazanta genocido de rusoj.

La referendumon poste laŭdis interalie francia Front National, hungaria Jobbik kaj belgia Vlaams Belang, ĉiuj reprezentantoj de la ekstrema dekstro. La plej multaj aliaj politikaj grupoj en EU malaprobis la referendumon, ĉar ĝi kontraŭis la konstitucion de Ukrainio kaj estis farita sub rusia okupacio. Mankis la eblo fari liberan elektokampanjon, ne eblis voĉdoni por neŝanĝita statuso de Krimeo, kaj la ĝustecon de la rezulto ne eblis kontroli – la preparoj por la voĉdonado estis faritaj en kompleta sekreto dum dek tagoj, kio en si mem ebligis al la aŭtoritatoj diskonigi ajnan deziratan rezulton.

Sed tamen multaj ja iris voĉdoni – krom en vilaĝoj kaj urbopartoj, kie la proporcio de tatara loĝantaro estas alta. El la krimeaj tataroj tre malmultaj iris al la balotejoj. Oficiale la balotadon partoprenis 83 procentoj el la loĝantoj de Krimeo, kaj el tiuj 97 procentoj asertite voĉdonis por aliĝo al Rusio. Aliaj, sendependaj taksoj pri la partopreno en la elektoj multe varias. Laŭ raporto, kiun en aprilo 2014 publikigis kelkaj membroj de la homrajta konsilio de la rusia prezidento, la balotadon kredeble partoprenis klare malpli ol 50 procentoj el la loĝantoj.

Tatjana Fominiĥ kaj ĉiuj ŝiaj najbaroj kaj konatoj ĉiuokaze iris al la balotejoj kaj voĉdonis por aliĝo al Rusio, ŝi diras.

– Ankoraŭ estis mallume kiam mi vekiĝis, mi devis atendi ĝis la oka horo por fine povi elkuri kaj voĉdoni por Rusio. Kaj kiam mi venis tien, mi vidis kiel multaj volas partopreni, ankaŭ maljunuloj kiuj malfacile iris kun lambastonoj, ĉiuj volis esti tie kaj voĉdoni, ĉiuj tiel volis liberiĝi de Ukrainio kaj iĝi parto de Rusio. Mia tuta familio iris, mia patrino, patro kaj frato. Kaj ĉiuj najbaroj en la domo, mi loĝas en kvinetaĝa domo. Se preni kiel bazon tiujn homojn en la domo, ĉiujn kunlaborantojn ĉi tie en la instituto, ni povas ja demandi kiel ili ĉiuj voĉdonis, kaj mi certas ke naŭdek procentoj el ili diros, ke ili voĉdonis por Rusio. Tio estas la vero.

Nun Krimeo estas parto de Rusio, kaj tio estas bona. Preskaŭ ĉio fakte estas bona, diras Tatjana Fominiĥ.

– La sola afero kiun oni povus esperi, estas ke ankaŭ niaj lokaj burokratoj provu esti ordaj homoj, tiel ke mi povu esti kontenta ankaŭ pri ili, kaj ne nur pri Putin, kiu sidas distance en Moskvo.

Se io tamen estis pli bona en Ukrainio, estis la relativa negrandeco de la lando kompare kun Rusio.

– Estas malpli da distanco al Kievo, oni povis telefoni tien kaj paroli kun homoj. Al Putin oni ne povas telefoni, kaj la lando estas granda, ĝis Moskvo estas longa distanco. Sed ŝajnas ke li nun rimarkis nin, ni eksciis ke Putin nun ricevis la informon. Ni ja longe provadis sendi al li leteron pri la statuso de la universitato, kaj ŝajnas ke ĝi nun atingis. Sed ne estis facile.

Unu afero kiu klare pliboniĝis post kiam Krimeo iĝis parto de Rusio estas la salajroj, diras Tatjana Fominiĥ.

– Eĉ se la prezoj nun estas iom pli altaj ol ili estis en Ukrainio, tamen restas mono. Aŭ miaj konatoj ĉiuokaze diris, ke ili sukcesis ŝpari iom, mi ne sukcesis. Verŝajne mi komencis elspezi pli. Sed materie la aferoj ĉe ni nun estas iom pli bonaj, kaj mi estas konvinkita, ke la evoluo daŭros en tiu direkto. Ja estis iuj problemetoj pri la transporto de nutraĵoj, sed tio ne trafis min, en la vendejoj estas ĉio kion mi bezonas. Cetere ne estas grandaj ŝanĝoj. Kaj kial ni bezonus grandajn ŝanĝojn? La grava afero estas, ke ĉe ni ne estas milito. Aliokaze certe iĝus milito, kaj mi mem stariĝus sur la barikadoj kontraŭ la ukrainoj.

Tatjana Fominiĥ tute ne kredas, ke trupoj el Rusio sturmis la parlamentejon de Krimeo kaj blokis ukrainiajn militajn bazojn en la fino de februaro.

– Ukrainio asertas, ke oni enveturigis trupojn el Rusio. Ĉu ili estas kompletaj kretenoj? Ĉu ili havis tian enorman truon en la limo, ĉu ili nur rigardis en la alia direkto, kiam Rusio enveturigis trupojn? Kiaspeca galimatio estas tio? Estas neniaj pruvoj pri io tia. Ne, ili venis el Sebastopolo. Ĝi estas tute rusa urbo, Sebastopolo, kaj tie estas la tuta rusia floto, ili havis interkonsenton kun Ukrainio kaj rajtis esti tie.

La aserto ke Rusio tute ne enveturigis trupojn en Krimeon, sed uzis nur tiujn trupojn kiuj havis la rajton troviĝi en Sebastopolo, daŭre aperas kiam oni parolas kun krimeanoj, kiuj argumentas ke la rusa transpreno de potenco okazis laŭleĝe. Sed krom ke la aserto evidente estas falsa, ĉar trupoj pruveble estis veturigataj per pramoj el la rusia ĉeftero, en la argumento estas plia truo: la interkonsento pri la flota bazo en Sebastopolo inter Ukrainio kaj Rusio ne donis al la rusiaj trupoj permeson sturmi la parlamentejon de Krimeo kaj eksigi la registaron.

Kiel ajn, la verduloj estis rusiaj soldatoj, tion Vladimir Putin mem konfesis en aprilo 2014. La trupoj estis bezonataj por la sekureco de la krimeanoj kaj por kontroli la referendumon, li klarigis.

Leĝe aŭ ne, sed nun en Krimeo ordonas Rusio. Kion tio signifos por la estonteco, kiajn esperojn vi havas, mi demandas al Tatjana Fominiĥ.

– Mi havas grandajn atendojn, la sola afero kiun mi timas, estas ke iu povus murdi Putin. Iu povas voli liberiĝi de li, ĉar li ja ĝenas multajn, ĉu ne? Tion mi timas. Sed se li plu laboros laŭ sia linio, mi kredas ke ĉio iĝos bona. Estas planoj konstrui ponton en Kerĉ, kaj se tio realiĝos, ni havos bonan ligon, estos pli facile por turistoj el Rusio veni ĉi tien. Kaj mi ja esperas, ke ili restarigos la malnovajn sanatoriojn. Sed bona afero kiu jam okazis estas, ke oni komencis malkonstrui ĉiujn barilojn kiuj pli frue aperis ĉe plaĝoj. Tie oni postulis monon de homoj kiuj volis sunumi sin kaj naĝi. Oni malkonstruis amason da tiaj bariloj.

Mi dankas pro la kafo kaj la bona rusia ĉokolado. Kiam mi jam estas ekster la pordego de la universitato, Tatjana Fominiĥ telefonas kaj petas min reveni. Ŝi forgesis diri la plej gravan aferon.

– Miaj geavoj batalis kontraŭ la faŝistoj en la granda patriota milito. Tial Krimeo devas aparteni al Rusio!

Aliflanke ankaŭ la geavoj de la plej multaj ukrainianoj batalis sur la sovetia flanko dum la dua mondmilito. Sed tiu argumento ial ne funkcias ĉi tie.

❖

# Perfidulo ĉiam restos perfidulo

La bluflava flago de Ukrainio pendas sur la fasado de blanka, duetaĝa domo en la centra parto de Simferopolo. Ĝi estas la lasta publike videbla ukrainia flago en la ĉefurbo de Krimeo, kaj baldaŭ ankaŭ ĝi estos for. Apud ĝi pendas la pale blua flago de la krimeaj tataroj. Du maskitaj viroj kun armiloj, en kamuflaj uniformoj, gardas la enirejon. Specialaj trupoj de la rusia polico. Sur la alia flanko de la strato staras policanoj en ordinaraj uniformoj, du policaŭtoj kaj granda, blanka kamiono de la marko Kamaz, en kiu situas movebla stabejo de la polico. Tie staras ankaŭ grupo de ĵurnalistoj, kiuj restadas ĉi tie ekde la mateno. Jam vesperiĝas, sed la traserĉado en la stabejo de Meclis, la ĉefa organizaĵo de la krimeaj tataroj, plu daŭras.

La tataroj, kiuj parolas tjurkan lingvon kaj ĝenerale estas islamanoj, loĝas en Krimeo almenaŭ de la 15-a jarcento. Ĝis la rusia konkero en 1783 la regno de la tataroj, la Krimea ĥanejo, subiĝis al la Otomana regno. Post la konkero Rusio ekkonstruis sian plej gravan mararmean bazon en la natura haveno de Sebastopolo. La rusia disvastiĝo kiel dirite maltrankviligis la aliajn grandpotencojn de la tempo, kaj kondukis en la mezo de la 19-a jarcento al la sanga krimea milito, kiam Britio kaj Francio en alianco kun la Otomana regno blokis kaj fine konkeris la gravan havenurbon. La tuta nigramara floto de Rusio estis neniigita.

Dum la dua mondmilito Sebastopolo kaj la tuta sovetia Krimeo estis konkeritaj de la nazia Germanio. Kiam la sovetiaj trupoj en 1944 rekonkreis Krimeon, Stalino akuzis la tutan krime-tataran popolon pri kunlaboro kun la malamiko kaj ŝtatperfido. Laŭ oficialaj dokumentoj almenaŭ 180 000 krimeaj tataroj estis dum du tagoj forsenditaj al eterna ekzilo en la fora Centra Azio. Multaj ricevis nur duonhoran averton por paki siajn aĵojn. Miloj mortis dum la vojaĝo aŭ tuj post la alveno, ĉar mankis sufiĉe da nutraĵo por la alveturintoj. Tiuj, kiuj travivis, devis rekomenci sian vivon de nulo.

La ekzilo de la krimeaj tataroj estis tabua demando dum la tuta sovetia periodo. La akuzoj pri ŝtatperfido estis fine retiritaj en 1967, sed la tataroj daŭre ne rajti reveni. Mustafa Cemilev, la plej konata el la sovetepokaj krime-tataraj homrajtaj aktivistoj, pasigis sume 15 jarojn en sovetiaj malliberejoj kaj interna ekzilo pro "kontraŭsovetia agado". Li fine estis liberigita en 1986. Nur post tio, dum la perestrojko de Miĥail Gorbaĉov, krimeaj tataroj denove povis leĝe ekloĝi sur la duoninsulo. La revo pri la perdita hejmlando plu vivis ankaŭ inter la krimeaj tataroj kiuj kreskis en ekzilo kaj mem neniam vidis la promesitan landon. En la komenco de la 1990-aj jaroj, lige kun la disfalo de Sovetio, komenciĝis granda remigrado al Krimeo. Nun tie denove loĝas proksimume 250 000 tataroj, kiuj konsistigas proksimume 12 procentojn el la loĝantaro de la duoninsulo.

La unuaj tataroj kiuj revenis dum la lastaj sovetiaj jaroj devis elteni la malestimon kaj timon de aliaj krimeanoj. La novaj loĝantoj, kiujn oni translokis al Krimeo post la milito, de tiam sciis, ke la tataroj estas perfiduloj, kaj multaj pensis, ke ili nun volos venĝi al la rusoj. Ĉiuj tataroj havas tranĉilon en la poŝo, la rusaj infanoj flustradis en la lernejo. Neniu volis dungi tataron. Nur dum la ukrainiaj jaroj la rilatoj inter la etnaj grupoj iom post iom normaliĝis, kaj samtempe ĉiam pli da krimeaj tataroj trovis por si niĉojn en la nova merkata ekonomio. La plej multaj krimeaj tataroj ligas la ukrainian tempon kun repaciĝo kaj relativa bonfarto, dum la regado de Moskvo vekas memorojn pri kvindek jaroj da ekzilo kaj polica ŝtato. Tial estis atendeble, ke granda parto de la krimeaj tataroj sin tenos tre skeptike al la ideo, ke Krimeo denove iĝu rusia, kaj tial ĝuste la tataroj plej forte protestis kontraŭ la anekso.

Kelkajn tagojn antaŭ la planita referendumo en marto 2014 la 70-jara Mustafa Cemilev estis invitita al Moskvo por paroli kun reprezentantoj de Kremlo. La rusiaj regantoj evidente klopodis per flato kaj bato atingi ian kompromison kun Meclis, la organizaĵo de la krimeaj tataroj, kaj Cemilev estis invitita ankaŭ telefonparoli kun Vladimir Putin, kiu tiumomente troviĝis en Soĉi. Sed la interparolo de la iama sovetia disidento kaj politika malliberulo kun la KGB-veterano Putin ne bone pasis, laŭ tio kion Cemilev mem poste rakontis. Cemilev atentigis, ke anekso estus krimo kontraŭ internacia juro kaj kontraŭ pluraj interkonsentoj subskribitaj de Rusio. Kiam Putin promesis, ke la rajtoj kaj sekureco de la krimeaj tataroj estos respektataj, Cemilev respondis ke la plej bona garantio de sekureco estus, se la rusiaj trupoj estus retiritaj el Krimeo.

La plej multaj krimeaj tataroj bojkotis la referendumon la 16-an de marto, kaj de tiam la rusiaj aŭtoritatoj siavice bojkotas la reprezentantojn de la krimeaj tataroj. Mustafa Cemilev nun troviĝas en Kievo – oni ne plu lasas lin veturi en Krimeon. Kaj en Simferopolo la specialaj trupoj de la polico la 16-an de septembro traserĉas la sidejon de Meclis. Ĉiuj komputiloj estas konfiskataj.

La sekvan matenon mi interparolos kun Eskender Bariyev, unu el la gvidaj membroj de Meclis. Ankaŭ lin vizitis maskitaj policanoj. Ni interkonsentis pri renkontiĝo apud la duetaĝa domo, sur kies fasado la ukrainia flago ankoraŭ rajtas flirti en la malforta vento. Oni pendigis novan flagon, post kiam kelkaj maskitaj uniformuloj komence de la semajno forŝiris la malnovan. Estas varme kaj mi stariĝas en la ombro de malgranda arbo transe de la strato, por havi superrigardon de la situacio.

Du policaj aŭtoj kaj du nemarkitaj, grizaj aŭtoj de la rusia armeeca marko Patriot staras sur flanka strato apud la ĉefa sidejo de la krimeaj tataroj. Malantaŭ la Patriot-aŭtoj videblas grupo de viroj en kamuflaj uniformoj, kun mitraletoj. Ŝajnas ke la polico pretiĝas por maltrankvilaĵoj, sed sur la strato ĉio estas trankvila.

Mi ne scias, kiel aspektas Eskender, kaj en la ombro de alia arbo, rekte kontraŭ Meclis, staras juna viro kun malhelaj haroj. Li fingrumas sian poŝtelefonon kaj ŝajnas atendi iun. Eble ĝuste li estas Eskender. Mi demandas.

– Ne, ne estas mi. Kion vi celas, ĉu mi laŭ vi aspektas kiel tataro? li demandas ofendite.

Mi ja ne scias kiel aspektu tataro. Kaj cetere, kial estus malbone aspekti kiel tataro? Sed tion mi ne diras al li, mi nur ĝentile pardonpetas. Kiam Eskender Bariyev fine venas, li montriĝas havi klare pli helajn harojn ol la ofendita junulo. Sed li ja havas iom pli larĝan kaj rondan vizaĝon. Kaj li surhavas flavan, mallongmanikan ĉemizon kaj blankan someran pantalonon. Eble ĝuste tio estas tipa krime-tatara aspekto?

Ni sidiĝas en kafejo malantaŭ la stratangulo, mendas teon, kaj mi petas Eskender Bariyev rakonti, kio okazis al li la antaŭan tagon.

– Tio estis proksimume je la sesa kaj duono matene. Ni aŭdis iun frapegi nian pordon. Mi rapide iris al la pordo. Ili plu bategadis sur la alia flanko kaj kriis ke mi devas tuj malfermi. Kiam mi malfermis, enkuris tri aŭ kvar viroj kun mitraletoj. Kun la uniformuloj venis civile vestitaj viroj, kiuj komencis tuj fosi en ĉiuj ĉambroj. Ne, atendu, mi diras, mi havas du malgrandajn infanojn, ne timigu ilin, pri kio entute temas? Kaj kiuj estas vi?

Fine la civiluloj prezentis formalan decidon pri traserĉado. La esplorata krimo rilatas al okazaĵoj la 3-an de majo, kiam granda grupo de krimeaj tataroj devis renkonti Mustafa Cemilev ĉe la limo kontraŭ teritorio kontrolata de Ukrainio. Kiam Cemilev ne estis enlasita, la grupo ignoris la armitajn rusiajn limgardistojn kaj transiris al la ukrainia flanko por renkonti Cemilev.

– Nun ili diras ke tiu krimo estas esplorata kaj ke ili serĉas armilojn, narkotaĵojn kaj malpermesitan literaturon. En la aŭtoj ekster la domo estis sume eble dek kvin homoj, kvin aŭ ses estis civile vestitaj, la ceteraj estis en uniformo kaj kun aŭtomataj armiloj. Unu leŭtenanto de la sekurservo FSB fine prezentis sin, mi petis lin forsendi la virojn kun mitraletoj por ne timigi la infanojn, kaj ili eliris, unu restis ĉe la pordo por gardi. Kaj mi petis ke ili forprenu la ŝuojn, ĉar la infanoj ja rampas sur la planko, mi havas unu kvarmonatan filon kaj unu sesjaran.

La traserĉado daŭris dum pluraj horoj, sed la sola afero kiun fine konfiskis la sekurservo estis la du komputiloj de Eskender Bariyev.

– Mi kredas ke la tuto ligiĝas kun la atako kontraŭ Meclis. La tagon antaŭ ĉi tio armitaj viroj forplukis la flagon de Ukrainio sur Meclis, tio okazis la nokton inter dimanĉo kaj lundo. Kaj jen marde traserĉado ĉe mi kaj ĉe Meclis.

Tiuj gvidaj membroj de Meclis, kiuj plu povas veturi trans la limo inter Krimeo kaj Ukrainio, estas haltigataj kaj pridemandataj ĉiufoje, dum la aŭto estas traserĉata de la limgardistoj, diras Eskender Bariyev.

– Mi ne veturas per trajno, ĉar mi scias, ke tiuokaze ili elprenas min ĉe la limo, kaj la trajno pluveturas sen mi. Ja daŭras du horojn ĉiufoje. La unuan fojon tio okazis la 20-an de junio. Ni estis reveturantaj el Kievo, mi kaj alia membro de Meclis. Ili trovis niajn nomojn en iu listo, kaj subite staras ok viroj kun mitraletoj ĉirkaŭ nia aŭto. Nun mi jam iom alkutimiĝis, la afero okazis tiom da fojoj. Lastfoje kiam ili haltigis min, ili ne sciis, kion demandi, do mi komencis rakonti al ili pri la historio de Krimeo, pri la civitana socio en Krimeo. Kaj ĉi tiu FSB-ulo, kiu venas de ie en Orenburga distrikto, li demandas, kio tio entute estas, civitana socio? Do mi devis rakonti al li ankaŭ tion.

Pri tio Eskender Bariyev scias multon, ĉar lia patro aktivis en la krime-tatara movado jam en la sovetia tempo, kiam tio estis danĝera. Aŭ kiam tio estis danĝera pasintfoje. Eskender mem naskiĝis en ekzilo en Centra Azio, samkiel la plej multaj mezaĝaj krimeaj tataroj. Tiuj, kiuj naskiĝis en Krimeo, estas aŭ pli aĝaj ol 70, aŭ pli junaj ol 25.

– Mi naskiĝis en Uzbekio, en la urbo Namangan. Mia patrino naskiĝis ĉi tie en Krimeo, ŝi estis sesjara kiam ŝi estis deportita kun sia patrino, mia avino. Ŝi plu memoras la deportadon, tiun fervojan vagonon, kiel homoj mortis dum la vojaĝo kaj kiel ŝia patrino klopodis helpi ilin. Ilin savis la profesio de mia avino, kiam ili estis elĵetitaj el la trajno ie en duondezerto en Uzbekio. Ŝi estis lerta kuracisto, kaj la uzbekoj donis al ŝi panon kiel dankon pro ŝia helpo, tial ili ne bezonis malsati.

La patro de Eskender Bariyev estis unu el la malmultaj krimeaj tataroj, kiuj ne estis deportitaj – ĉar li ne troviĝis en Krimeo en majo 1944.

– Li servis en la fervojaj trupoj en okcidenta Ukrainio. Nur en la 1950-aj jaroj li propravole translokiĝis al Uzbekio, liaj parencoj kaj la plej multaj aliaj krimeaj tataroj ja troviĝis tie. Kaj tie renkontiĝis miaj gepatroj.

La familio neniam forgesis la revon pri la perdita patrujo.

– Oni komencis paroli pri la eblo denove ekloĝi en Krimeo post la pinta renkontiĝo de Gorbaĉov kaj Reagan en 1986, tiam Reagan levis la demandon pri la rajto de la krimeaj tataroj reveni. Tial ni havas straton Ronald Reagan en vilaĝo kie ĉefe loĝas krimeaj tataroj, rande de Simferopolo. La iniciaton pri la nomo fakte faris mi mem.

La nomo de la strateto en la vilaĝo Ana-Jurt, kelkajn kilometrojn norde de Simferopolo, klare montras ke Krimeo ne ĉiam apartenis al Rusio, ĉar en Rusio Ronald Reagan neniam povus ricevi propran straton. Tie oni vidas lin kiel unu el la ĉefrespondeculoj por la disfalo de Sovetio – kaj en Rusio tio kompreneble estas malbona afero. Sed en Ukrainio ne.

Eskender Bariyev ekloĝis en Krimeo en 1991, tuj post kiam li finis la lernejon.

– Mi havis la ŝancon ekstudi en Moskvo, sed mi volis nur al Krimeo, do mi venis ĉi tien kaj komencis studi en la medicina universitato. Mia patro translokiĝis ĉi tien samjare kaj komencis aranĝi aferojn por ke ni havu ian loĝejon. Unue ni loĝis en la domo de la fratino de mia patro, tri familioj en malgranda dometo. Poste ni rekonstruis disfalintan domon, kie oni permesis al ni loĝi. La pli aĝa el miaj fratinoj translokiĝis ĉi tien en 1992, kiam ŝi finis la lernejon. Nur en 1993 ni povis ekloĝi en normala apartamento, veturi al Uzbekio kaj porti ĉi tien ĉiujn niajn posedaĵojn. Tiam ĉi tien translokiĝis ankaŭ miaj patrino kaj pli juna fratino. Kvar jarojn ni bezonis por aranĝi elteneblajn kondiĉojn. Mia patrino estis deportita en 1944 kaj ŝi povis reveni en 1993. Dum 49 jaroj ŝi vivis en ekzilo.

Kiam ni eliras el la kafejo, la policaj aŭtoj kaj la armitaj viroj en kamuflaj uniformoj estas for. Mi sekvas Eskender Bariyev en la sidejon de Meclis. La etoso tie estas konfuzita. La rusiaj aŭtoritatoj ĵus anoncis, ke la konstruaĵo devas esti malplenigita kaj sigelita ene de 24 horoj.

– Ne, ni devas defendi la domon, ĝi ja estas nia domo! Ni ŝlosu la pordon, kaj ili rompu ĝin se ili volas, diras iom aĝa viro kun blanka barbo kaj ronda ĉapeto sur la verto.

Pli juna viro en blua ĉemizo kaj jako de kompleto ne konsentas.

– Ni devas provi defendi nin per la leĝo, alie ĉio estas perdita. Sed kiel oni povas paroli pri leĝaj rajtoj, kiam ili eĉ ne enlasis niajn juristojn dum la traserĉado hieraŭ, li aldonas rezigne.

La viro en jaketo estas Dilâver Akiev, la administra ĉefo de Meclis. Post momento mi trovas lin en lia laborĉambro en la supra etaĝo, kie li provas aranĝi siajn dosierojn post la traserĉado. Mi petas lin rakonti, kio okazis la antaŭan tagon.

– Je la naŭa horo matene la konstruaĵon sturmis maskitaj viroj kun armiloj. Ili diris, ke ili venis de la polico. Ili estis minimume dudek, kaj ili renversis ĉion ĉi tie interne.

La traserĉado daŭris dek du horojn. Kiam la maskitaj viroj fine forlasis la konstruaĵon, ili prenis kun si ĉiujn komputilojn kaj amason da dokumentoj. Kaj nun en la antaŭtagmezo venis novaj vizitantoj.

– Tio estis reprezentantoj de alia aŭtoritato, la kortuma servo. Ili portis oficialan informon pri tio, ke ni devas forlasi la konstruaĵon. Ne nur ĉi tiun, ankaŭ aliaj konstruaĵoj kiujn uzas Meclis estas konfiskitaj. La kortumo asertas, ke ni evitis pagi iun punpagon, sed pri tio ni nenion scias.

Mi revenas post 24 horoj por vidi, kio okazas. Blanka aŭtobuseto staras parkumita antaŭ la enirejo, kiun nun gardas tri viroj en nigraj uniformoj. Kelkaj dungitoj de Meclis parolas kun ĵurnalistoj ekster la konstruaĵo. Dilâver Akiev havas malgrandan megafonon sub la akselo, sed ĝi ne estas bezonata, ĉi tie ne kolektiĝas homamasoj. Por eviti konflikton Meclis petis la tatarojn ne protesti publike. Krome multaj timas.

Post kelkaj horoj la nigre vestitaj gardistoj estas for, kaj mi sukcesas eniri por paroli kun Rıza Şevkiyev, prezidanto de la fondaĵo kiu posedas la konstruaĵojn uzatajn de Meclis. Li estas jam iom aĝa viro, kaj evidente ne bone dormis la pasintan nokton. Li rakontas, ke per la aŭtobuseto alveturis reprezentantoj de la kortuma servo por oficiale transdoni decidon pri punpago de 50 000 rubloj pro tio ke la domo ankoraŭ ne estas malplenigita. Nun la kortumo postulas, ke Mustafa Cemilev, la iama sovetia disidento kaj politika malliberulo, estu eksigita el la estraro de la fondaĵo. Laŭ la leĝo li ne rajtas membri en la estraro de rusia fondaĵo, ĉar al li estas malpermesite troviĝi sur rusia teritorio, la kortumo klarigas sian postulon.

Sed la afero estas stranga: la fondaĵo ne estas rusia. Ĝi plu restas ukrainia jura persono – kaj devus povi resti tia dum la tuta transira periodo ĝis la jarŝanĝo.

– En ĉio ĉi estas nenia logiko. Temas pri ia kampanjo kontraŭ ni, ili akcelas ĝin tagon post tago. Unue tiuj tri viroj, kiuj forŝiris la flagon, la sekvan tagon traserĉado, la sekvan tagon la kortuma servo kun la decido pri konfisko, kaj nun punpago kaj ĉi tiu nova postulo. Mi ne scias, kio povus haltigi ĉi tion, almenaŭ ni ne povas. La sola maniero haltigi ĉi tion estus popola leviĝo, sed tiam ili povas fari kion ajn, tion ni ja vidas en orienta Ukrainio, ĝemas Rıza Şevkiyev.

La sola eblo estas obei, alie la kortuma servo revenos la sekvan tagon kun novaj postuloj kaj eĉ pli alta punpago, li rezonas.

La konstruaĵo estas malplenigita kaj sigelita per papera strio sur la pordo. La krimeaj tataroj perdis sian ejon. Ankoraŭ kelkajn tagojn la nova flago de Ukrainio rajtas pendi sur la fasado. La 30-an de septembro ĝi estas for, kaj ne plu videblas ukrainia flago ie ajn en Simferopolo.

Kelkajn tagojn post la traserĉado en Meclis, Guliver de la universitato invitas min kaj siajn kolegojn, Paŭlon kaj Pjotr, por vespermanĝo. Ni veturas al betona sovetia urboparto iom ekster la centro. La distanco inter la stratlampoj estas granda kaj la domoj aspektas iom kadukaj, kiel kutime. Sed la interno de la apartamento estas tute moderna kaj bele bonstata. La manĝotablo estas preparita en la salono – la kuirejoj de la sovetiaj amasproduktaj apartamentoj estas malvastaj. En la angulo la televidilo montras ukrainian novaĵprogramon. Sur la televidilo staras krime-tatara flageto, kaj en la supra maldekstra angulo de la ekrano lumas la flago de Ukrainio. Ĝin montras de kelkaj monatoj ĉiuj ukrainiaj kanaloj. Sub la flago ofte legeblas la teksto "Unuigita lando". Alterne en la rusa kaj en la ukraina. Samtempe vero kaj revo. Krimeo kaj iuj plej orientaj partoj de la lando ja estas forŝiritaj, sed la cetero de

Ukrainio estas pli unuigita ol iam antaŭe. Malmultaj aferoj povas tiel unuigi landon kiel komuna malamiko.

– Mi havigis satelitantenon la saman tagon, kiam ili malŝaltis la ukrainiajn kanalojn en la kabla televido. Mi tute ne eltenas spekti la rusian propagandon, diras Guliver, dum ni sekvas la lastajn novaĵojn pri la kontraŭterorisma operaco, kiel la bataloj en la oriento estas nomataj en Ukrainio.

La du filinoj de Guliver, la 12-jara Emine kaj la 7-jara Safie, envenas kaj salutas la gastojn. Poste Emine prezentas malfacilan taskon pri matematiko, ŝi bezonas helpon. Kiel solvi ĝin? Daŭras momenton, antaŭ ol Paŭlo kaj Pjotr trovas interkonsenton pri tio.

La infanoj pli frue frekventis ukrainlingvan lernejon, sed nun ĝi ne plu estas ukraina. Post la anekso la instruado tie iĝis terure ruspatriota, diras Guliver. La knabinoj anstataŭe ekfrekventis alian, internacian lernejon. La lingvo de la instruado estas la rusa, sed krom la angla la infanoj lernas ankaŭ la turkan, lingvon proksime parencan kun la krimea tatara. Ankaŭ la nova lernejo estas trafita de la rusia anekso – subite ne plu estas certe, ke instruistoj kiuj ne estas rusiaj civitanoj entute rajtos labori en Krimeo. Sed kiel do funkciu internacia lernejo?

Kiam Guliver mem estis en la unua klaso komence de la 1980-aj jaroj, lia familio ankoraŭ loĝis en uzbekia ekzilo. Kiam aperis la eblo reveturi al Krimeo en 1988, lia familio estis inter la unuaj, kiuj faris la paŝon. Tiam li mem estis same aĝa kiel Emine nun, dek du.

– Tiam ankoraŭ estis terure malfacile por miaj gepatroj ricevi la permeson ekloĝi ĉi tie. Daŭris duonan jaron antaŭ ol ili sukcesis enskribiĝi en la loĝregistron, kvankam ili jam aĉetis ĉi tie domon. Kaj se oni ne estis loĝregistrita, tiam oni ankaŭ ne povis ricevi laboron. Oni nur sendadis ilin de unu aŭtoritato al alia kaj tria. Fine ili trovis amikon de konato kiu havis kontakton en la loĝregistrejo.

Ne nur la aŭtoritatoj estis suspektemaj pri la krimeaj tataroj kiuj volis reveni. En la lernejo la novaj klaskamaradoj de Guliver demandis al li, kie li kaŝis sian tranĉilon.

– Mi provis ŝerci kun ili kaj diris ke mi tiun tagon ne kunprenis la tranĉilon, ĉar ili bone kondutis. En la lasta klaso kelkaj kamaradoj rakontis al mi, ke ili vere kredis tion.

La edzino de Guliver, Tamina, envenas kun la krime-tatara manĝaĵo *ŝurpa*, supo kun legomoj kaj ŝafaĵo. Ĉefplado estos *manti*, boligitaj pastopakaĵetoj farĉitaj per viando – ofta manĝaĵo en grandaj partoj de Centra Azio.

– Mi volonte proponus al vi *ĉeburekojn*, sed ili postulas tiom da tempo, ni preparas ilin ĉefe somere, kiam ni estas en la kamparo kun la gepatroj.

Ĉeburekoj estas la nacia manĝaĵo de krimeaj tataroj, tremp-frititaj pasteĉoj kun viando, fromaĝo, fungoj aŭ terpomo. Dum la sovetia tempo ĉeburekoj estis ŝatata plado en la tuta lando – ĝi estis unu el la tre malmultaj variaĵoj de tujmanĝaĵoj haveblaj en Sovetio. Ĉeburekojn oni manĝis en malgrandaj ejoj, kiuj nomiĝis *ĉeburečnaja*. La ondo de sovetia nostalgio kaŭzis, ke multloke en Rusio nun denove aperis ĉeburekejoj kun nomoj kiel "Soveta" aŭ "Sovetaj tempoj". Iom ironie, se konsideri ke la krimeaj tataroj mem dum la bona sovetia tempo vivis en interna ekzilo.

Tamina estas dentkuracisto kaj laboras en privata kliniko, kie multaj el la dungitoj estas krimeaj tataroj.

– Preskaŭ hazarde iĝis tiel, mi ne povas diri, ke ni aparte konsideris la naciecon de homoj. Sed eble ni devus komenci fari tion, ĉar subite estas malfacile por krimeaj tataroj ekhavi laboron, multaj estas suspektemaj. Do ni devas helpi unuj la aliajn.

La dentkuracista kliniko estas populara kaj ofte akceptas klientojn el aliaj landoj, ĉar la prezoj estas favoraj, rakontas Tamina.

– Temas pri ruslingvaj klientoj, ne nur el Rusio, sed ofte ankaŭ ruslingvanoj kiuj loĝas en diversaj landoj de Eŭropa Unio. Por ili estas malpli koste flugi ĉi tien kaj loĝi en hotelo ol pagi por la sama flegado tie kie ili loĝas. Kaj per la sama aĉeto ili ricevas ferieton.

Sed ne klaras, kiel longe plu. Ukrainio ja ne postulas vizon de EU-civitanoj, por enveturi sufiĉas valida pasporto. Sed nun oni devas havigi al si rusian vizon por viziti Krimeon, kaj ĝi ne nur postulas multan laboron kaj dokumentojn, sed krome kostas multe. Aldone, la veturo al Krimeo iĝis pli komplika. Kaj ja ne certas, ke la prezoj longe plu povos resti malaltaj, diras Tamina.

– Unu kialo por la malaltaj prezoj estis ke ni aĉetis la materialojn kiujn ni bezonis el Ukrainio, malmultekoste. Nun tio iĝis malfacila. Ofte ni devas anstataŭe mendi el Rusio, kaj se temas pri eksterlanda materialo, kostas multe pli havigi ĝin al ni tiun vojon.

Aliaj aferoj, kiuj iĝis multe pli kostaj sub la rusia regado, estas alkoholaĵoj kaj precipe tabako. Tio eble estas bona por la popola sano, sed ja iritas multajn, kaj nekuraceblaj fumuloj ne rifuzas malpli kostajn ukrainajn cigaredojn, eĉ se ili cetere estas entuziasmaj subtenantoj de la rusia anekso.

– Ĉi tiu estas unu el la lastaj ukrainiaj boteloj. Ne estas rusa vodko, estas ukraina *horilka*, diras Paŭlo kun respekto en la voĉo, kiam li surtabligas la botelon.

Guliver akceptas la proponon. Mi kaj Tamina preferas ruĝan vinon el Krimeo, ankaŭ ĝi daŭre kun ukrainia impostmarko. Pjotr kontentiĝas je akvo, li devos ja post la vespermanĝo veturigi min kaj Paŭlon hejmen.

Duonan jaron post la anekso Guliver kaj Tamina daŭre ne vere komprenas, kio okazis, ili rakontas.

– Ĉio tio ŝajnis tute nereala. Ni fine ekhavis iom da ordo en la vivo, la infanoj jam estas grandaj, la apartamento estas preta, ni havas nian aŭton, ni eĉ faris libertempvojaĝon al Turkio. Nun ĉio estas en ordo, ni pensis. Kaj subite ĉi tio. Ni ne scias, kion ĝi signifas por nia vivo, ni eĉ ne certas ĉu ni plu loĝos ĉi tie, kvankam ni ja volas tion, diras Tamina.

Guliver kapjesas.

– La sento estas kvazaŭ iu venus kaj tirus alian landon trans mian kapon, kiel puloveron. Mi ne volas ĝin, sed mi ankaŭ ne povas rifuzi, la sola afero kiun mi povas fari estas adaptiĝi laŭeble bone, se tio entute eblas. Kaj jes, ni efektive komencis pripensi, ĉu ni povas plu loĝi ĉi tie. Ni ja volas, estas nia patrujo, niaj gepatroj multe batalis por rajti reveni ĉi tien. Sed se iĝos vere malbone, tiam la lasta elirejo tamen estas, ke ni ekloĝos ie aliloke, li diras.

Multaj jam forlasis Krimeon kaj veturis al aliaj partoj de Ukrainio – laŭ oficiala ukrainia statistiko preskaŭ 20 000 homoj dum la unua duonjaro post la anekso, multaj el tiuj krimeaj tataroj. La efektiva nombro verŝajne estas pli alta, multaj ne registriĝas sin kiel internajn rifuĝintojn.

Guliver kaj Tamina ne serioze pripensas forlasi Krimeon, almenaŭ ĝis nun ne. Tiu penso ĉefe estas sekurvalvo. Sed jam estas malpli facile veturi eksterlanden, se oni loĝas en Krimeo. La rusiaj aŭtoritatoj ja komencis eldoni pasportojn ankaŭ por internaciaj vojaĝoj, sed ĉar la plej multaj landoj ne rekonas la rusian anekson, ili ankaŭ ne rekonos rusiajn pasportojn eldonitajn en Krimeo. Tial en la pasportoj de krimeanoj estas skribite, ke ili estas donitaj en Krasnodar, en internacie rekonita rusia teritorio. Sed ĉu EU lasos trompi sin? Jam cirkulas famoj, laŭ kiuj EU tenas sin informita pri kiuj pasportaj serioj estas eldonitaj fakte en Krimeo, kaj tial nevalidaj. ”Pli bone mem veturi al Krasnodaro por peti pasporton”, oni diras. Sed ĉu eĉ tio sufiĉos? Por ricevi ŝenge-nan vizon oni ja devas indiki sian loĝlokon. Neniu scias.

Krome oni kiel dirite ne povas flugi el Krimeo ien ajn krom Rusio – kaj eĉ rusiaj flugkompanioj, kiuj trafikas al Krimeo, riskas sankciojn. Ĝuste tio okazis al la malmultekosta flugkompanio Dobrolet, pose-data de la ŝtata Aeroflot. Ĝi post la anekso havis monopolon pri la linio Moskvo-Simferopolo. Sed la sankcioj de EU kontraŭ la kompanio kaŭzis, ke ĝi devis fermiĝi komence de aŭgusto 2014. Eĉ eksterlandaj krozoŝipoj ne plu vizitas Krimeon.

Guliver kaj Tamina jam spertis la problemojn pro pasportoj kaj haltigo de flugoj. Antaŭ la anekso ili rezervis libertempan vojaĝon al Turkio, sed subite malaperis la fluglinio Simferopolo-Istanbulo. Kion fari?

– Ni planis veturi kun kelkaj amikoj, ni jam pagis por la flugo kaj por la loĝado en Turkio. Sed kiel veni tien? Ni pripensis, ĉu ni rezignu pri la tuto, kaj la hotelo en Turkio bone komprenis nian situacion, ili pretis repagi al ni la monon. Sed poste ni sentis, ke ni simple devas for-veturi de ĉio dum iom da tempo, Guliver rakontas.

Ankaŭ la turka flugkompanio estis komprenema pri la subitaj problemoj de la krimeanoj.

– Ili demandis, de kie ni povas flugi, kaj diris ke ili ŝanĝos la bile-tojn senkoste. Ni veturis tra Moskvo, kaj vere estis bone, ke ni deci-dis fari la vojaĝon, estis granda ĝuo iom malstreĉiĝi. Sed la veturo hej-men estis stranga, ĉar mi havis nur mian ukrainian eksterlandpaspor-ton, kaj mi devis ja montri ĝin en la pasporta kontrolo en Moskvo. Ili demandis, kial mi ne havas rusian pasporton, se mi loĝas en Krimeo kaj estas rusia civitano. Do mi devis plenigi tian formularon por eksterlan-danoj, antaŭ oli ili enlasis min en la landon.

Morgaŭ estas lerneja tago, estas tempo por Emine kaj Safie enlit-iĝi, kaj por ni gastoj iri hejmen. Sed unue ni tamen spektos la lastajn novaĵojn en televido. Kaj nun la novaĵlegisto subite parolas ruse, ne ukraine.

– Ĉu vere? Mi ne pensis pri tio, diras Guliver.

Ne la lingvo gravas, sed la enhavo. Kaj la kanalo ja estas ukrainia, supre maldekstre videblas la malgranda bluflava flago.

– Rusian televidon ne eblas spekti, senhezite konstatas la 12-jara Emine. Ŝi diras tion en la rusa, komprenebe.

Pli malfrue dum la semajno Guliver petas forpermeson en la universitato por iom montri al mi la montaran pejzaĝon kaj la marbordon sude de Simferopolo. Li alveturas per sia arĝentkolora Chevrolet Aveo, negranda aŭto kiu ŝajnas tre plaĉi al li.

– Krimeo ja estas nia patrujo, sed ni malmulton de ĝi vidis ĝis ni povis aĉeti la aŭton. Tiam ni komencis fari unutagajn ekskursojn kun la tuta familio al diversaj partoj de la duoninsulo, por vere ekkoni ĝin. Estas nekredeble multe por vidi ĉi tie, diversaj partoj de Krimeo havas tute malsamajn pejzaĝojn, eĉ la klimato multe diferencas inter la marbordo, la montaro, kaj la stepo norde de la montoj.

Meze de la interna panelo, bone videble tra la antaŭa fenestro de la aŭto, Guliver fiksis krime-tataran flagon sur mallonga stangeto. Ĝin li ne havis antaŭ la anekso.

– Ne, sed kiam mi vidis, ke multaj havigis por siaj aŭtoj rusiajn flagojn, mi aĉetis ĉi tiun.

La plej multaj aŭtoj en la stratoj de Simferopolo tamen havas nenian flagon. Post iom da gvatado mi elkalkulas, ke eble unu el dek aŭtoj havas rusian flagon malantaŭ la fronta glaco, kaj duone tiom krime-tataran. Flagojn de Ukrainio mi tute ne vidas – sed preskaŭ ĉiuj aŭtoj plu havas ukrainiajn numerplatojn.

– La plej multaj ne tre emas ŝanĝi la platojn, diras Guliver. Ili ne volas havi rusiajn platojn, ĉar ili volas veturi al la ukrainia flanko. Se vi havas rusiajn platojn, kaj la ukrainiaj limgardistoj vidas en la registro, ke la aŭto devas havi ukrainiajn, do vi havos problemojn.

Iom ekster la urbo ni plenigas la benzinujon. La benzino kompreneble estas rusia, kaj unu litro kostas 40 rublojn. Laŭ la aktuala kurso tio egalas al proksimume 1,20 eŭroj – iom malpli ol dum la ukrainia tempo, sed klare pli ol en la rusia ĉeftero. Kaj 40 rubloj por unu litro da benzino estas multe, se konsideri la nivelon de la salajroj. Antaŭ la referendumo oni parolis pri la malpli kosta benzino en Rusio, sed tiel multe la prezo ne falis. Ĉar Krimeo el transporta vidpunkto nun iĝis insulo, iĝis pli koste alveturigi la benzinon el Rusio.

Kiam ni atingas la relative lastatempe rekonstruitan ŝoseon trans la montoj direkte al la marbordo, Guliver premas la gaspedalon. La vidaĵo al la montopintoj kiuj kaŝas sin inter la nuboj kaŭzas kapturnon, kaj simile povas efiki ankaŭ la serpentumado de la larĝa, trikoridora vojo, kiu meandras suben laŭ la kruta deklivo. En la plej akraj turniĝoj la ukrainiaj vojkonstruistoj faris rezervajn elveturejojn por aŭtistoj kiuj ne ĝustatempe sukcesas turni sian veturilon. Kiam la asfaltita ĉefvojo turniĝas suben, akre maldekstren, la gruzkovrita rezerva vojo pluiras rekte kelkcent metrojn, jam supren laŭ la deklivo. Parkumado sur la rezerva vojo estas severe malpermesita – la ideo estas, ke tiu, kiu ne sukcesas haltigi sian aŭton en alia maniero, povas stiri ĝin sur la gruzan vojon, kie la deklivo helpos la ŝoforon malrapidigi. Foje ŝajnas, ke la Rusio de Vladimir Putin estas peza kamiono sen bremso en kruta deklivo suben, veturilo kies ŝoforo estas komplete perdonta la regon. Ankaŭ Rusio bezonus rezervan elirejon en la deklivo, por eviti karambolon.

"Ŝanĝu al malpli alta rapidumo", avertas ŝildo. En la ukraina. La ŝildoj ĉi tie estas ankoraŭ ukrainlingvaj, kostus tro tuj ŝanĝi ĉiujn, dum la rusiaj impostpagantoj samtempe devas financi tiom da aliaj aferoj.

Antaŭ ni aperas malrapida kolono de busoj. "Artek", anoncas la teksto sur ili. La sovetia pionira tendaro ĉe la Nigra Maro, la plej elstara en la lando, pri kiu nur la pintaj junkomunistoj el Sovetio kaj la ekzemplaj pioniroj de aliaj landoj en la sovetia bloko povis revi. Inter la honoraj gastoj estis Jurij Gagarin, Indira Gandhi, Nikita Ĥruŝĉov, Leonid Breĵnev – kaj la milita diktatoro de Centr-Afrika Respubliko Jean-Bédel Bokassa. Jes, kaj la 11-jara usonanino Samantha Smith. En 1982 ŝi skribis leteron pri monda paco al la ĝenerala sekretario de la komunista partio de Sovetio, Jurij Andropov, kaj rajtis viziti Artekon dum siaj du semajnoj en Sovetio kiel invitita gasto de Andropov. Sed la mortmalsanan Andropov mem ŝi neniam renkontis.

Dum la ukrainia tempo, post la disfalo de Sovetio, Artek estis simple internacia somera tendaro por infanoj. Post la rusia anekso Artek estis "naciigita" de la rusia ŝtato sammaniere kiel la tuta ukrainia ŝtata posedaĵo en Krimeo, kaj poste transdonita al la nova, moskvema registaro de Krimeo.

– Vidu, ili komencis denove veturigi tien infanojn. Sed ili ne sekvas la trafikregulojn, la busoj ne rajtas veturi tiel proksime unu al la alia. Oni ja ne povas per unu fojo preterveturi la tutan kolonon, diras Guliver.

Li atendas taŭgan momenton, kaj preterveturas la tutan kolonon. Post momento la vojo tamen estas denove blokata de malrapida veturanto, nun peza kamiono kiu veturas apenaŭ kvindek kilometrojn hore, kvankam la rapidlimo estas naŭdek. Guliver preterveturas – kaj ekvidas rusian policaŭton, kiu staras parkumita malantaŭ granda kamiono sur la maldekstra flanko de la vojo. Ĉe la vojrando staras trafikpolicano.

– Fu, nun li haltigos min, Guliver diras, ĵus antaŭ ol la policano levas sian nigreblanke strian bastoneton.

Guliver haltigas la aŭton kaj eliras por paroli kun la policano. Ili diskutas dum momento ĉe la aŭto de Guliver kaj poste sidiĝas en la polica aŭto transe de la vojo. Mi restas sidi sur la pasaĝera loko kaj provas vidi, kio okazas. Fine Guliver eliras el la polica aŭto kun ia dokumento en la mano, sidiĝas sur sia loko kaj ekveturas. Kio do okazis kaj kia papero estas tio, mi demandas.

– Li eble volis havi monon, sed mi neniam pagas subaĉetaĵon. Li diris, ke mi veturis trans la ferma linio, kiam mi preterpasis la kamionon, kaj ke tio estas serioza. Ni devas skribi raporton, li diris. Sed mi konas la regulojn, se oni estas malantaŭ tiel malrapida veturilo oni rajtas transiri la fermolinion, se mankas trafiko en la kontraŭa direkto. Do mi ne konfesis, ke mi malobservis la regulojn. Ja, tiam vi devos veni kun mi al la policejo, li diris. Kaj li iom rigardis al monbileto, kiu kuŝis en videbla loko. Skribu la raporton do, mi diris, mi neniam pagas subaĉetaĵon.

La decida argumento estis la malgranda videokamerao de Guliver, kiu estas fiksita sur la interna flanko de la fronta glaco.

– Ni povas iri al kortumo, kaj mi montros mian registraĵon, mi diris, tiam oni klare vidos, ke mi malobservis neniun regulon. Kaj mi povos akuzi vin pri senkiala suspektigo, mi diris. Tio estis tro laboriga por li, do fine ni ambaŭ subskribis raporton, laŭ kiu li haltigis min, sed ke mankas ajnaj pretendoj ambaŭflanke.

Post momento ni veturas preter enorma reklamtabulo kun la teksto: "Ĉu vin trafis korupto? Telefonu al nia varma linio!". La koruptado en Krimeo estos forigita, tio estas la mesaĝo de la rusiaj aŭtoritatoj. Restas vidi, kiel ili sukcesos. La policanoj kiuj haltigis nin ĉiuokaze ne estis krimeanoj – la patrolo venis el Krasnodar, la plej proksima granda rusia urbo sur la alia flanko de la Kerĉa markolo. La loka ukrainia polico ja ŝanĝis flankon fulmrapide kaj iĝis rusia, samkiel la plej multaj ŝtataj dungitoj, sed eble ĝuste pro tio la policaj estroj en Rusio ne estas tute konvinkitaj pri la centprocenta lojaleco de la krimea polico, kaj sendas pliajn fortojn el la ĉeftero.

– Ĉi tiuj eble bezonis fortigon de sia vojaĝkaso, ŝercas Guliver.

La trafikpolicanoj el Krasnodaro ŝajnis relative ĵus alvenintaj, ili scivolis pri ĉio, li poste diras.

– Ĉu vi estas krimea tataro, ili demandis, kaj kial vi havas tian nomon? Ne malestime, kiel povus fari lokaj policanoj, li vere interesiĝis, li verŝajne neniam antaŭe renkontis krimean tataron. Kaj li demandis, kial mi ne jam ŝanĝis la numerplatojn de la aŭto, kaj ĉu mi havas rusian pasporton. Mi diris, ke la pasporto ne gravas. Kial do, li scivolis, kaj mi klarigis al li, ke ĉiuj civitanoj de Ukrainio, kiuj loĝis en Krimeo la 18-an de marto 2014, laŭ la leĝo aŭtomate nun estas civitanoj de Rusio, sendepende de tio, ĉu ili jam havigis al si rusian pasporton aŭ ne. Ho, vi bone scias la leĝon, li miris. Kaj mi ja montris al li mian rusian pasporton al li poste, por ke li estu kontenta.

Ja estis maniero ne iĝi rusia civitano – oni devis fari specialan formalan anoncon, ke oni ne volas la novan civitanecon. Sed la aŭtoritatoj intence igis la proceduron komplika, diras Guliver.

– En la tuta Krimeo estis nur kvar lokoj, kie oni povis fari la anoncon. Sed antaŭ ĉio la plej multaj ja konkludis, ke estas plej saĝe akcepti la civitanecon se oni intencas plu loĝi ĉi tie.

Ni proksimiĝas al la marbordo kaj fine enveturas la malgrandan libertempan urbon Aluŝta, kiu havas radikojn de la 6-a jarcento. Komence de la 20-a jarcento pli ol duono el la loĝantoj plu estis krimeaj tataroj. Ni eniras mallarĝan, serpentuman straton kun domoj de tiu tempo.

– Ie ĉi tie miaj parencoj havis domon. Nun tie komprenelble loĝas aliaj homoj, ĉiujn domojn ja transprenis najbaroj aŭ aliaj kiam la krimeaj tataroj estis ekzilitaj. Kaj ili rajtis plu loĝi tie, neniuj krimeaj tataroj provis repreni la malnovajn posedaĵojn de la familio. Tiu estas la linio, por kiu ĉiam laboris Meclis. Tiuj, kiuj fine rajtis reveni, volis nur vivi en paco kun ĉiuj. Sed estas multaj malĝojigaj rakontoj, ekzemple pri la maljuna viro, kiu volis nur sidi momenton en la korto de la domo kie li iam kreskis. Sed li ne rajtis, oni forpelis lin de tie.

Ni parkumas la aŭton kaj iras direkte al la akvo laŭ kruta strateto kiun flankas vinbutikoj kaj standoj kun suveniroj. Sur la marborda aleo oni konstruis grandan, portempan scenejon por la jam pasinta elektokampanjo. La scenejo estas ornamita per la koloroj de Rusio kaj ĝian randon kovras la teksto: "Krimeo – Unueca Rusio". Super la teksto staras granda, blublanka urso kun la rusia trikolora flago – la simbolo de Unueca Rusio, la reganta partio. Malantaŭ la scenejo, sur enorma, duonpreta betona konstruaĵego, oni desegnis grandegan koron, plenigitan de la koloroj de Rusio. "Mi amas vin Tanja", iu skribis per angulecaj blankaj literoj apud la rusia koro.

Kiam ni elveturas el Aluŝta ni denove renkontas la polican aŭton el Krasnodar. La policanoj ŝajne rezignis pri la ĉasado ĉe la ŝoseo. La nuboj pendas malalte kaj la vojo supren al la monto Aj-Petri estas fermita. Ni veturas pluen laŭ la marbordo kaj fine turniĝas supren al la montoj ĉe Foros, por atingi la Preĝejon de Krista Resurekto, konstruitan fine de la 19-a jarcento sur monta deklivo, 400 metrojn super la mara nivelo. La vidaĵo al la montoj sur unu flanko kaj la vive verda marbordo sur la alia estas silentiga. Guliver montras al tegmento kiu videblas inter la arboj rande de la malgranda libertempa urbo Foros.

– Tiu estis la somerumejo de Gorbaĉov, kie oni malliberigis lin.

Dum la tri puĉaj tagoj en aŭgusto 1991, kiam la sorto de Sovetio estis sigelita, la prezidanto de la lando, Miĥail Gorbaĉov, estis tute izolita de la ĉirkaŭa mondo. Kvar ŝipoj de la bordgardistaro tiam patrolis ekster la strikte gardata somera rezidejo, kiun Gorbaĉov mem konstruigis en ĉi tiu belega loko. Nun videblas nur sola velŝipeto en sur la maro. Ĉi-foje la puĉo ja sukcesis, kaj ĉio estas trankvila en Krimeo.

Gutetas pluvo, kiam ni malfrue en la posttagmezo atingas Baĥĉisaraj, la iaman ĉefurbon de la regno de la krimeaj tataroj, la Krimea ĥanejo. Nun denove loĝas multaj krimeaj tataroj en la malgranda urbo inter du montodeklivoj, kie senpretendaj dometoj kaŝas sin inter la arboj, kiuj pli supre donas lokon al nuda roka deklivo. Ĉi tio estas alia Krimeo ol tiu de la rusaj libertempaj urboj ĉe la marbordo. Meze de la centro staras du minaretoj. Ili apartenas al la ĥana palaco, kies plej aĝaj partoj estas konstruitaj en la 16-a jarcento, longe antaŭ la rusia konkero. En la interna korto staras la fontano, kiu inspiris la nacian poeton de Rusio, Aleksandr Puŝkin, al unu el liaj plej konataj poemoj. Meze de mura reliefo el arabaj literoj ni vidas la doganan markon de la ĥanejo, *tamga*. La sama signo troviĝas sur la pale blua flago de la krimeaj tataroj. Ĝi venas de ĉi tie, ĝi ne estas variaĵo de la litero T, kiel mi ĝis nun pensis.

Ni finas la ekskurson sur la balkono de krime-tatara restoracio, kun vidaĵo al la ĥana palaco kaj la tuta intermonta valo. Montriĝas, ke la kelnero estas malnova najbaro de Guliver, kaj la duopo interŝanĝas novaĵojn pri komunaj konatoj. Dum ni manĝas *lagmanon* kaj ĉeburekojn la suno subiras super la ĉefurbo de la krimeaj tataroj.

❖

# Verŝajne Stalino tamen pravis

La horloĝo en la alta turo kun pinta ruĝa stelo ĉe la fervoja stacidomo en Simferopolo montras moskvan horon. Tion ĝi faras jam de duonjaro, post la anekso oni returnis la horloĝon je unu horo. Ĉi tie sur la placo la homamaso festis kaj trinkis ŝaŭmvinon. "Krimeanoj estas kune kun Rusio", estas skribite sur granda reklamtabulo ĉe la transirejo. Kelkcent metrojn de tie mi trovas ŝildon kun alia mesaĝo: "Pro produktadteknikaj kialoj kiujn ni ne povas influi, la entrepreno McDonald's decidis provizore fermi la restoracion en Simferopolo. Ni pardonpetas. La administracio". La tuta granda, moderna, duetaĝa konstruaĵo el vitro kaj metalo estas barita per larĝa, ruĝa plastbendo. La "produktadteknikaj kialoj", al kiuj referencas McDonald's, efektive estas la rusia anekso de Krimeo. Eĉ se la transportado de nutraĵoj el la ĉeftero malfaciliĝis kaj la lakto nun foje estas acida jam sur la vendeja breto, McDonald's kredeble ja povus iumaniere havigi tion, kio necesas por la plua funkciado de la restoracio – se oni vere volus tion. Sed la tri restoracioj en Krimeo apartenas al la filio de McDonald's en Ukrainio, kaj la entrepreno ne povas funkcii en okupita teritorio.

Proksime de la fermita tujmanĝejo mi trovas la kajon por la trolebusoj al Jalto. Ordinara aŭtobuseto estus pli rapida, sed estus malĝuste ne kapti la ŝancon uzi la plej longan trolebusan linion en la mondo. La linio estis kontruita fine de la 1950-aj jaroj por faciligi la veturon de sovetiaj libertempumantoj el la flughaveno kaj fervoja stacio de Simferopolo al la marbordo. La suma veturdistanco el la flughaveno ĝis Jalto estas 96 kilometroj. Dum la sovetia tempo oni aĉetis la bileton por la trolebuso jam kiam oni rezervis la trajnvojaĝon ĝis Simferopolo, kaj dum la libertempa sezono la trolebusoj al la marbordo ekveturis same ofte kiel la trajnoj en la metroo de Moskvo dum pintaj horoj – ĉiun duan minuton. Nun la premo ne estas same alta, kaj mi tuj sukcesas aĉeti bileton por la sekva trolebuso, kiu ekos post dek minutoj. La teksto sur la bileto restas ukrainlingva, sed la prezo jam estas indikita en rubloj. 64 rubloj, proksimume unu eŭro.

La trolebuso veturas direkte al la marbordo laŭ la sama montara ŝoseo kiel faris Guliver, sed ĉi-foje la polico ne haltigas nin. Unu el la malmultaj aliaj pasaĝeroj estas iom pli ol mezaĝa virino kun kvar grandaj kestoj da vinberoj, kiujn ŝi ŝajne intencas vendi al la libertempumantoj en Jalto. Oni ricevas multe pli da mono por la vinberoj tie, ŝi diras al kunvojaĝanto. Ŝi iom grumblas, kiam la konduktoro postulas pliajn 15 rublojn por la bagaĝo, sed tamen pagas. Kaj kiam la buso bremsas ĉe haltejo, ŝia ĉareto kun la kvar kestoj renversiĝas. Vinberoj ruliĝas sur la planko. Aliaj pasaĝeroj helpas ŝin restarigi la turon de kestoj. Ĉi-foje ŝi stakigas ilin sur la planko, ne sur la malstabila ĉareto.

Estas tempo de rikolto, kaj duonvoje al la marbordo ni preterpasas traktoreton kun postĉaro plena de vinberoj. La traktoron ornamas malgranda rusia flago, sed cetere ne multo atestas pri popola entuziasmo post la rusia anekso. Laŭ la naŭdekkilometra vojo al Jalto mi vidas nur unu loĝdomon kun rusia flago. Tuj antaŭ Jalto ni preterveturas grandan reklamtabulon, kun afiŝo kiun laboristo sur eskalo estas malmuntanta. "Krimeo estas Rusio. Justo estas forto", estas skribite sur la afiŝo. Ĝi estas elektoreklamo por la partio Justa Rusio, kiu ne sukcesis eniri la krimean parlamenton en la ĵus pasinta elekto.

Fine, post preskaŭ duhora veturado, la trolebuso atingas la busstacion rande de la banurbo Jalto, kie Anton Ĉeĥov pasigis siajn lastajn jarojn. La damo kun hundeto kaj ŝia sekreta amanto Dmitrij Gurov statue staras sur la strandpromenejo kie ili renkontiĝis, proksime al la klasika hotelo kun kariatidoj ĉe la enirejo, kie Ĉeĥov loĝis dum mallonga tempo en 1899. McDonald's estas fermita kaj barita pro "produktadteknikaj kialoj" ankaŭ ĉi tie. Ĉe la subĉielaj tabloj de la restoracioj la gastoj malmultas – la sezono jam preskaŭ finiĝis – sed kelkaj dekoj da sunturistoj kuŝas sur la plaĝo ĉe la strandpromenejo. Preskaŭ ĉiuj turistoj en Krimeo nun venas el Rusio, kaj oni aŭdas neniun lingvon krom la rusa en la promenejo. Ukrainianoj ne sentas sin bonvenaj, kaj la malmultaj eksterlandaj turistoj, kiuj en pli fruaj jaroj trovis la vojon al Krimeo, nun ne videblas – supozeble pro la anekso aŭ ĉar estas koste kaj komplike havigi al si rusian vizon, dum Ukrainio, kiel dirite, ne postulas ke vizitantoj el landoj de Eŭropa Unio entute havigu al si vizon.

Ĉi tie mi renkontos malnovan konaton, la esperantiston Jefim, kiun mi lastfoje vizitis antaŭ 23 jaroj, kiam Krimeo ankoraŭ estis parto de

Sovetio. Tiufoje li loĝis en negranda ĉambro proksime al la marbordo kaj plendis pri tio, ke la Ukraina soveta respubliko komencis fortigi la statuson de la ukraina lingvo – subite oni parolas ukraine en la televido, li diris. Inter miaj du vizitoj unue Ukrainio iĝis sendependa kaj poste Krimeo rusia. Jefim iĝis 70-jara, sed li ne multe ŝanĝiĝis. Li estas same entuziasma, energia kaj certa pri sia praveco kiel ĉiam. Nun li loĝas en unuĉambra apartamento en iom kaduka sovetia domo de la 1970-aj jaroj, kun vitrumita balkono. Mi rajtos dormi sur la balkono, sub dika kovrilo.

– Mi povas aranĝi malmultekostan ĉambron en studenta domo ĉi tie proksime, mi konas ĉiujn tie, promesas Jefim. Mi tamen kontentiĝas per la balkono kaj aŭskultas Jefim, kiam li predikas pri la teruraj ukrainaj naciistoj kiuj minacis la pacan vivon en Krimeo. Estas multe pli bone ke Krimeo apartenas al Rusio, tion ĉiuj volis, li diras. Krome la pensio duobliĝis, kaj la sanservoj estas senpagaj.

– Mi bezonas kataraktan operacion, kaj nun ĝi estos senpaga. Mi devos pagi nur por la lenso, kiun ili enmetos. Aŭ eble mi ricevos ankaŭ ĝin senpage, tio ankoraŭ ne tute klaras. Sed dum la ukrainia tempo la tuta afero estus multege pli kosta.

La apartamento de Jefim estas plenega je libroj. Sur honora loko ĉe la fenestro staras busto de Zamenhof. Apud la busto havas sian lokon la komputilo de Jefim kun moderna, plata ekrano, retkamerao kaj fiksa ligo al la reto. Lastatempe li uzas la reton ĉefe por legi pli pri la danĝera progreso de la teruraj ukrainaj naciistoj.

– Sed mi facile tre ekscitiĝas pro tio, oni povas tute freneziĝi kiam oni aŭdas, kio okazas tie. Tial mi havigis al mi novan hobion, mi ekinteresiĝis pri ŝtonoj kaj mineraloj. Pri ĉi tio mi okupiĝas kiam mi devas iom trankviliĝi, li diras, kaj malfermas kelkajn bildojn de gemoj.

Poste li senĝene malfermas sur la ekrano piratan kopion de mia libro *Homoj de Putin*, kiun li ricevis de konato en Ĉinio, kaj demandas, ĉu mi vere skribis tie, ke Putin sendis rusajn trupojn al Krimeo la 3-an de februaro.

– Ĉar tio ja ne estas vera, tio estas eraro. Sed iu diris ke estas skribite tiel.

Tion malfacilos trovi en la libro, ĉar mi ne skribis tion, mi diras, kaj donas al li la presitan libron.

Pli malfrue en la posttagmezo nin vizitas Igor kaj Svetlana, juna paro kiu loĝas proksime. Ili ambaŭ tre kontentas, ke Krimeo nun aparte-

nas al Rusio. Ili neniam sentis sin ukrainianoj, ili diras. Igor havas mal-
grandan flagon de Rusio sur sia jako. Li estas konstrulaboristo, ŝi labo-
ras en ŝtata sanatorio – tiel oni plu nomas la ĉebordajn hotelojn ĉi tie.

La kievaj protestoj, kiuj komenciĝis en novembro 2013, vere tute
ne estis rimarkeblaj en Krimeo, diras Svetlana. Ne antaŭ januaro, kiam
oni komencis sendi militservantojn el Krimeo al Kievo por helpi la
aŭtoritatojn tie.

– Multaj el miaj kolegoj en la sanatorio estas en tiu aĝo, kiam iliaj
filoj militservas. Kaj oni komencis sendi ilin al Kievo, ili mem ne volis
tion, sed oni ordonis al ili. Mi havas konaton, kiu same estis sendita
tien, li laboras en transportdivizio. Ili komprenebie ricevis neniajn
armilojn. Li rakontis ke ili devis simple stari tie, tage kaj nokte, ili ne
rajtis eĉ paroli kun tiuj protestantoj, kiuj skoldis kaj insultis ilin, kvan-
kam la soldatoj faris nur sian devon. Kaj poste estis tre malfacile por ili
reveturi al Krimeo, ili devis fari longajn kromvojojn.

Jam pli frue ordinaraj krimeanoj estis veturigitaj per busoj al
Kievo por partopreni manifestacion subtene al prezidento Janukoviĉ.
Tiuj busoj same havis problemojn atingi sian celon, diras Svetlana.

– Ni havis ankaŭ kelkajn malgrandajn manifestaciojn ĉi tie en Jalto,
kaj tiujn ni ĉeestis, sed ni ja ne povis veturi al Kievo, ĉar ni devis labori.
Sed kiam nia registaro en Krimeo provis sendi homojn al Kievo por ke
ili montru, kion ili opinias, ili ne estis enlasitaj. Videblis tie nur tiuj, kiuj
volis al EU. Ankaŭ ni ne kontraŭas Eŭropan Union, sed tiuokaze ni volas
eniri ĝin en egaleca maniero, kaj ne kiel nun. Oni devus unue evoluigi
la ekonomion dum dek jaroj, kaj nur post tio eniri, kiel egalrajta lando.

Igor opinias, ke la adaptiĝo de Ukrainio al EU antaŭ ĉio devus
signifi, ke la rusa lingvo ricevu egalan, oficialan statuson.

– Rigardu Finnlandon, tie ili havas du oficialajn lingvojn, la finnan
kaj la svedan. Sed en Krimeo, kie 95 procentoj el la loĝantaro parolas
ruse, ĉi tie oni montris filmojn en kinejoj kun parolo en la ukraina. Tio
estas ofendi la rajtojn de la rusa lingvo.

Ĉar la tuta ĉiutaga vivo, la lernejoj kaj ĉiuj oficialaj dokumentoj en
Krimeo ĉiam estis ruslingvaj, ĝuste la lingvo de filmoj en kinejoj kaj
televido dum multaj jaroj estis grava simbola demando por la defen-
dantoj de la rusa lingvo ĉi tie. Eksterlandaj filmoj kun ukraina paro-
lado iritis multajn. Kiam Svetlana rakontas ke ŝi mem neniam sentis
sin ukrainiano, ŝi rapide revenas al la filmoj.

– Mi neniam parolis ukraine, nu, eble iun fojon ŝerce. Sed en la 1990-aj jaroj, kiam Kuĉma estis prezidento, tiu demando ne ŝajnis same grava. Eĉ la tradukoj de la filmoj ŝajnis iel pli rusaj tiam. Sed kiam Juŝĉenko ekhavis la potencon, ekde 2005, tiam ili komencis elpensi novajn vortojn. Ŝajne plej gravis, ke ne sonu kiel la rusa.

Nun ĉiuj filmoj en la kinejoj estas en la rusa. Sed cetere ne tre multaj aferoj ŝanĝiĝis en Krimeo, diras Svetlana. La policanoj estas la samaj kiel pli frue, nur en aliaj uniformoj. Kaj la verdajn soldatojn ŝi neniam vidis. Jes, la mono ja estas alia, kaj estas rusiaj bankoj anstataŭ ukrainiaj, ŝi poste memoras.

– Sed cetere ne multo ŝanĝiĝis. La pasportoj kaŭzas iom da komplikaĵoj, tio veras. Sed estas trankvile kaj pace, tio plej gravas. Kaj ni en la sanatorio ricevis salajroaltigon, ni nun ricevadas kvindek procentojn pli ol antaŭe.

La sanatorio estas ŝtata, kaj la plej multaj ŝtataj dungitoj ricevis pli altan salajron. Sed ne ĉiuj aliaj. Kaj la prezoj same altiĝis. Sed pasis nur duona jaro, tiel rapide ne eblas ĉion ŝanĝi, diras Igor.

– Eble la situacio ne jam pliboniĝis por ĉiuj. Sed kiam oni translokiĝas el unu apartamento al alia, tiam en la komenco estas malorde, antaŭ ol oni dismetas ĉion en sian ĝustan lokon. Kaj ĝuste tion ni faris, translokiĝis al nova apartamento, al Rusia federacio. Ne povas tuj estis prefekta ordo pri ĉio.

Unu afero kiu jam pliboniĝis en konstruado, pri kiu laboras Igor, estas ke ne plu venas ukrainiaj konstrulaboristoj al Krimeo. Ili laboris tro malmultekoste kaj prenis la laborojn de la krimeanoj, li opinias.

Kaj same estas tie, kie laboras Svetlana.

– Antaŭe multaj virinoj el okcidenta Ukrainio venis ĉi tien kaj laboris kontraŭ bagatela salajro, nur por rajti loĝi proksime al la maro. Ili rajtis loĝi en la sanatorio senpage, kaj ili povis labori en du skipoj, ili ja ne havis familion por prizorgi. Por ili tio estis bona, sed ne por ni ĉi tie.

La nova limo kontraŭ Ukrainio tamen kaŭzis ankaŭ problemojn, atentigas Igor.

– Kelkaj privataj entreprenoj devis fermiĝi pro la sankcioj, aŭ ĉar ili estis reprezentantoj de ukrainiaj kompanioj. Kelkaj entreprenoj nun provas trovi liverantojn en Rusio, kelkaj devas eksigi dungitojn, sed ja aperas ankaŭ novaj entreprenoj.

Daŭre plej ofte eblas enveturigi malgrandajn liverojn de varoj el Ukrainio, sed la limo jam malhelpas al pli grandaj transportoj.

- Mi konas homojn en entrepreno, kiu konstruas naĝbasenojn kaj akvopurigajn staciojn. Ili povas porti ĉi tien tubojn kaj pumpilojn el Ukrainio sen grandaj problemoj, sed se temas pri pli grandaj aĵoj, ekzemple preta baseno en pecoj, ili nun devas veturigi la aĵojn el Rusio, tiajn transportojn oni jam ne lasas trans la ukrainia limo.

Sed plej gravas tamen ne la ekonomio, sed la sento de komuneco kun Rusio, diras Igor.

- Eble ne tiel multaj aferoj jam ŝanĝiĝis, sed por mi persone plej gravas, ke mi estas por Rusio, ne tio, ke mi ricevu pli da salajro.

Svetlana konsentas.

- Oni ne tenu sin tiel materiisme al ĉio. Mi sentas, ke mi havas pli proksimajn ligojn kun Rusio, kaj fine mi povas fieri pri mia lando. Nun mi povas spekti futbalon aŭ glacihokeon kaj subteni nian teamon. Mi neniam subenis ukrainiajn sportistojn, aŭ ukrainiajn muzikistojn en la konkurso de Eŭrovido, mi ĉiam subtenis Rusion.

Ĝis la okazaĵoj en februaro-marto tamen neniam aperis la penso, ke Krimeo vere povus iĝi parto de Rusio, pri tio oni parolis ĉefe ŝerce, diras Svetlana.

- Ni ja pensis pri tio, ni ŝercis pri tio kiam mi studis en la universitato, ke oni deklaru militon al Rusio kaj tuj kapitulacu...

Svetlana ridetas al la memoro, kaj daŭrigas.

- Estis tute kutime, ke oni pensis tiel en Krimeo, ke ja estus bone, sed neeble. Sed kompreneble estas tiuj, kiuj pensas alimaniere, tiuj, kiuj havas iom pli da mono, homoj kiuj kutimis veturadi al Eŭropo, kiuj havas multe da kontaktoj tie. Por ili ĉiuj ĉi sankcioj estas kiel tranĉilo rekte en la koron. Sed por la plej multaj homoj, por ordinaraj homoj, kiuj jam antaŭe ne veturadis eksterlanden, por ili ne tiom gravas. Ĉiu kompreneble havas siajn problemojn, estas tiuj, kiuj havas parencojn en Ukrainio, ankaŭ ili ne tiom ĝojas nun. Sed mi mem havas onklon en Melitopol, kaj mi ne povas diri, ke la okazaĵoj aparte influis nin.

- Ne devas gravi, ĉu oni havas parencojn en Ukrainio. Mi havas laborkamaradojn, kiuj havas grandan parencaron en Ukrainio, sed tamen subtenas Rusion. Se la parencoj volas subteni Ukrainion, tio estas ilia afero, diras Igor.

La plej multaj el la konatoj de Igor kaj Svetlana kontentas pri la rusia anekso, sed ne ĉiuj, ŝi diras.

- Ofte temas pri mono. Ni konas paron, kiu havas entreprenon, ĝi okupiĝis pri monludoj kaj havis proksimajn ligojn kun Ukrainio. Nun la tuta afero estas fermita. Ili kompreneble estas senesperaj, ili havas krediton por la aŭto kaj grandan hipotekon, ĉar ili kalkulis ke ili plu havos tiun enspezon. Por ili ĉi tio estas katastrofo, kaj kompreneble ili faris ĉion por ke la aferoj restu kiel ili estis. Estas facile kompreni ilin.

– Kaj estas kredantoj, ni havas iujn konatojn kiuj ne estas ortodoksoj nek katolikoj, sed tiaj... sektanoj. Multaj el ili subtenas Ukrainion, aldonas Igor.

– Jes, ĉar ĉiuj tiuj religiaj minoritatoj ja estas malpermesitaj en Rusio, diras Svetlana.

Jefim, kiu sidis proksime kaj aŭskultis, ne plu povas silenti.

– Ĉiuj tiuj protestantaj sektoj, baptistoj kaj tiaj, ili ja estas pagataj de la Okcidento, kaj ili voĉdonas kiel oni ordonas al ili. Sed ili ne estas malpermesitaj en Rusio, de kie vi prenis tion?

– Jehovanoj ĉiuokaze estas malpermesitaj en Rusio, asertas Svetlana.

Veras ke en Rusio oni malpermesis jehovanajn periodaĵojn, jehovanoj estis akuzitaj pri "ekstremismo" kaj kelkaj paroĥoj estis fermitaj de la aŭtoritatoj. Do iuj leĝoj estas pli severaj en Rusio, ĉu tio estas bona?

– Multaj leĝoj estas pli severaj en Rusio, kapjesas Igor kontente.

Svetlana konsentas:

– Antaŭe niaj policanoj havis ridinde malaltajn salajrojn, kaj ili daŭre akceptis subaĉetmonon. Nun ili ekhavis multe pli altajn salajrojn. Sed se ili prenos eĉ etan subaĉetaĵon, ili tuj estos punitaj per tri jaroj en malliberejo. Tio ja estas bona, ĉu ne?

Ankaŭ en la sanatorio kie Svetlana laboras estis multe da koruptado antaŭ la rusia anekso.

– Ĝi estis sanatorio de la ukrainia parlamento, la mono venis el la ŝtata buĝeto. Kaj oni ŝtelis monon ĉie, sur ĉiuj niveloj. Ni ja devas aĉeti mangaĵojn, kaj do la ĉefo diras ke oni devas aĉeti de certa entrepreno, kvankam tiu entrepreno estas multe pli kosta ol aliaj. Mi laboras kiel ekonomia administranto kaj mia tasko estas certiĝi, ke ni aĉetu la varojn tie, kie ni ricevas bonan kvaliton je taŭga prezo, sed tion mi ne rajtis fari. Mi ne scias, kiel iĝos estonte, kaj tion neniu scias ankoraŭ, sed almenaŭ tiuj entreprenoj ne plu ekzistas, kaj la ĉefo forveturis.

Svetlana iom ridas kiam ŝi memoras, kio okazis, kiam la malnovaj estroj de la sanatorio malaperis.

– Niaj kompatindaj kuiristoj pensis ke ili kaptos la okazon kaj provis ŝteli ĉion preneblan. Kaj la gardistoj ĉasis ilin tie en la arbaretoj kaj inspektis iliajn sakojn. Oni ja bezonas iom pli da disciplino por ke tiaj homoj ne forportu ĉion. Eble nun estos iom pli da ordo.

Sed kiel ajn oni faras, ĉiam iu malkontentos, diras Igor.

– Tion oni ja vidas en Belorusio. Ili havas ordon kaj disciplinon, kaj tamen homoj estas malkontentaj. Homoj estas tiaj, neniam kontentaj. Ili diras, ke la leĝoj estas tro severaj, ke la polico ĉion kontrolas. Sed ili povas eliri meze de la nokto kaj svingi faskon da monbiletoj, nenio okazos al ili. Ĉar tie neniu kuraĝas eĉ pensi malobei la leĝon. Kaj ili bone vivas, mi havas tie kuzinon kiu kutimas libertempi ĉi tie en Jalto. Ŝi havas sufiĉe da mono, kvankam ŝi ne estas ia grava estro, sed ordinara kemiisto en fabriko. Ŝi havas sufiĉe da mono por libertempi ĉi tie tutan monaton, kaj partopreni ĉiaspecajn ekskursojn. Kaj tamen homoj tie estas malkontentaj.

Eble ĉar mankas al ili libereco de sinesprimo, mi proponas.

– Jes, ĝin ili ja ne havas, sed ili povas veturi eksterlanden kaj libertempi kiel ili volas, diras Igor.

Svetlana opinias, ke libereco de sinesprimado ne gravas, se tamen neniu aŭskultas.

– Kiam ni en Ukrainio havis liberecon de sinesprimo, kial neniu aŭskultis nin, kiam ni kontraŭis la revolucion? Jen vi havas vian liberecon, oni rajtas diri kion oni volas, sed neniu aŭskultas. Kaj daŭre ili ridindigis Janukoviĉ en la televido. Ili opiniis, ke tio estis amuza, sed laŭ mi estis stulte fari tion. Gvidantan politikiston oni ja devas estimi. Ni povas montri kion ni opinias pri li kiam ni iras voĉdoni, sed tamen devas esti ia ordo. Kaj se temas pri libereco de sinesprimo, en sociaj retejoj mi skribas kion mi volas, mi libere parolas per telefono kaj Skajpo, kaj neniu min arestas pro tio. Kaj ne estas tiel, ke mi ĉiam diras ke ĉio en Rusio estas bona, povas esti aferoj kiujn mi ne ŝatas ankaŭ tie. Sed tamen mi volas aparteni al la pli stabila ŝtato.

Igor opinias, ke la libereco kiun oni havis en Ukrainio ĝenerale utilas por nenio.

– Tian liberon ni ne bezonas. En Ukrainio estis kompleta libereco, se iu malobeis la leĝon, vi povis iri al la policano kaj plendi, sed nenio okazis. Kaj ankaŭ libereco de sinesprimo estas relativa koncepto. Eble en Belorusio estas malpli da libereco, sed tie almenaŭ iu reagas al plendoj. En Ukrainio oni povas diri kion ajn, sed neniu faros ion ajn.

Kaj Svetlana kaj Igor voĉdonis por Rusio la 16-an de marto, kaj same faris preskaŭ ĉiuj iliaj konatoj. Sed ĝis februaro fakte neniu vere volis disigi Krimeon de Ukrainio, diras Svetlana.

– Neniu serioze pripensis tion, ne estis separismo. Ni estis kon-
traŭuloj ne de Ukrainio, sed de la nova registaro. Mi ne komprenas pri
kia demokratio oni parolas, se la leĝe elektita prezidento ne rajtas teni
sian postenon ĝis la fino de la mandatperiodo, sendepende de tio, ĉu
oni lin ŝatas aŭ ne. Sed ili forpelis la prezidenton, kaj poste oni metas
alian sur lian lokon, kiaspeca demokratio estas tio? Kiam la popolo raj-
tis diri sian opinion? Ĉu tio estas demokratio? Sed kiam oni aranĝas
ordan referendumon en Krimeo, kie la homoj ricevas la ŝancon diri,
ke ili volas aparteni al alia ŝtato, ĉar tiu ŝtato estas pli proksima al ni,
rilate la lingvon, kulturon kaj aliajn aferojn, tio subite ne estas demo-
kratia. Io estas tordita en tio.

Mi provas kontraŭdiri, ke la referendumo en Krimeo ne estas reko-
nata internacie, ĉar ĝi estis organizita post kiam rusiaj trupoj eniris
Krimeon.

– Ne, rusiaj trupoj ne eniris, diras Svetlana.

– Kaj eĉ se ili faris, komparu kun Kosovo, tie ja eblis, diras Igor.

Ĝuste la sendependeco de Kosovo kutimas esti la ekzemplo al
kiu reprezentantoj de Rusio montras por pruvi ke ĉio en Krimeo estis
farita ĝuste. Samtempe la rusia ministerio de eksterlandaj aferoj kun
mirakla logiko sukcesas mem ne rekoni la sendependecon de Kosovo
– anstataŭe oni sekvas la linion de Serbio, laŭ kiu Kosovo estas ne-
disigebla parto de Serbio. Kaj diference de Krimeo, Kosovo eĉ ne estis
aneksita de iu fremda potenco. La sendependeco de Kosovo krome
sekvis post multjara serioza etna konflikto, kiu fine kondukis al milito
kaj grandskala katastrofo kun centmiloj da albanaj rifuĝintoj. La plej
grava atenco kontraŭ la ruslingva majoritato en Krimeo kiun mencias
Igor kaj Svetlana estas tio pri la filmoj, kiuj en kinejoj tro ofte havis
ukrainlingvan parolon kaj ne ruslingvan.

Sed kiel ajn, ke Krimeo entute iĝis parto de la sendependa Ukra-
inio estis eraro de la historio, kaj tiun eraron oni nun korektis, diras
Svetlana.

– Krimeo estas Rusio, kaj Krimeo devas esti Rusio, ĉar ĉi tie estas
Rusio.

Ke ŝi mem antaŭ duonjaro apenaŭ pensis pri tia eblo ne ŝajnas
multe gravi.

Krome Ukrainio ne vere ekzistas, almenaŭ ne plu, asertas Igor.

– Ukrainio ne ekzistas kiel ŝtato. Suverena ŝtato devas havi sen-
dependajn internan kaj eksteran politikojn. Tion ne havas Ukrainio, ili

faras kiel oni ordonas al ili. Sekve tio ne estas ŝtato. Por kio ni bezonus ilin?

Ĉi tie ne funkcias la argumento, ke la decido de Ukrainio starigi pli proksimajn kontaktojn kun EU povus esti ĝuste esprimo de sendependa politiko. Ne, la decidojn de Ukrainio diktas EU kaj finfine do Usono – tion oni diras en la rusiaj televidkanaloj kaj ripetadas en Krimeo. Sed se Ukrainio aliflanke estus farinta kiel volis Vladimir Putin kaj rifuzinta la interkonsenton pri kunlaboro kun EU, tiam la lando ja montrus sian sendependecon, laŭ la sama argumentado. Ne tute facilas kompreni la logikon, sed iel ĝi similas la koncepton de falsa konscio en marksisma filozofio. La popolo de Ukrainio, kiu en demokratiaj elektoj nun donis sian klaran subtenon al okcidentemaj politikaj fortoj, simple ne komprenas siajn objektivajn interesojn, kaj lasis sin manipuli.

Sed la lokaj elektoj en Krimeo do, ĉu tie estis facile elekti, por kiu voĉdoni, mi demandas. Jes ja, estis memklare voĉdoni por la partio de Putin, diras Igor.

– Ĉio kio okazis ĉi tie ja okazis sub gvido de la homoj de Unueca Rusio. Ili havas la politikan volon realigi aferojn – se ili faris decidon, ili kapablas efektivigi ĝin, ili ne timas aliajn. Ne estas kiel en Ukrainio.

Svetlana konsentas kun Igor – ankaŭ ŝi voĉdonis por Unueca Rusio. Bona afero en la rusia politiko estas, ke mankas konfliktoj, kiuj abundas en Ukrainio, ŝi diras.

– Ukrainio ja la tutan tempon estis dividita en du partojn, meze, laŭ Dnepro. Tiu konflikto inter la oriento kaj la okcidento daŭras dum la tuta sendependeco. Tia konfrontiĝo mankas en Rusio.

Sed ja devas ekzisti malsamaj politikaj interesoj en Rusio, mi asertas, ĉu ne estas mirinde, ke en la rusia parlamento tute mankas efektiva opozicio? Ne, opinias Igor, tio estas signo de matureco, li diras, kaj komparas politikon kun vagado en montaro.

– Du homoj kun malsamaj interesoj misiris en la montaro. Unu diras, ke oni iru okcidenten, la alia diras ne, oni iru orienten. Mankas mapo, neniu scias, kiu direkto pli bonas. Kien vi do iros, se vi ne interkonsentos? Nenien. Vi sidos tie ĝis vi mortos pro frosto aŭ malsato. Oni devas elekti la vojon. Necesas partio aŭ homo kun pli forta volo kaj kompreno, kiu gvidos vin ien. Neniu scias, kiu vojo estas ĝusta aŭ erara, tion oni vidos nur post cento da jaroj. Sed oni devas iri ien, oni devas eki.

Sed ĉu Rusio do elektis la ĝustan vojon, mi demandas.

– Tio ne gravas. Tion oni povos prijuĝi post cent jaroj. Oni ja diras, ke homoj estis subpremitaj dum la tempo de Stalino, en la 1930-aj jaroj. Ĉu li do ĝuste faris? Laŭ la vidpunkto de la trafitoj certe ne. Sed se oni nun rigardas malantaŭen en la tempo, oni povas vidi, ke li starigis la ekonomion de la lando en du jardekoj. Tio, kion li faris, certe estis malbona por iuj, bona por aliaj. Oni ja povas opinii, ke li malpravis, ke li estis tro kruela. Sed se li ne estus, tiam Sovetio malgajnus en la milito. Kiel do scii, ĉu li faris ĝuste? Verŝajne li ja pravis, tamen.

– Sed li ja ekzekutigis ĉiujn tiujn altrangajn militistojn, kontraŭdiras Jefim iom indigne.

– Estis aliaj kiuj kapablis militi. Oni ja devas iel motivi homojn, argumentas Igor por la amasaj ekzekutoj de Stalino.

Sed se rezoni tiel, tiam oni povas ja tute forgesi pri demokratio, mi miras. Igor aspektas skeptika.

– Demokratio? Tiu estas vorto, kiun ĉiu povas interpreti laŭplaĉe. Precize kiel en Ukrainio. Tio kio okazis en Kievo, tion oni nomas demokratio, sed se iu kontraŭdiras, tiam jam ne estas demokratio, sed separismo.

Svetlana rezonas simile:

– Kiel oni povas scii, kiu vojo estas la ĝusta? Kiam niaj parencoj el Belorusio venis viziti, ili parolis pri tio, kiel bona ĉio estas ĉi tie en Ukrainio, ke oni rajtas diri kion oni volas kaj fari kion oni volas. Kaj en Belorusio ĉio estas malbona. Sed ili povas aĉeti apartamenton en novkonstruita urboparto kaj la hipoteko estas seninteresa. Kaj kiam ĉi tie estis Ukrainio, neniu parolis pri politiko. Se oni venas al Belorusio, ĉiuj daŭre parolas pri politiko. Kaj tamen ili diras, ke ili ne havas liberecon de sinesprimo.

Igor daŭrigas:

– Kompreneble ili havas certajn limigojn tie, sed estas ankaŭ bonaj flankoj. Kaj demokratio, kio ĝi estas? Ĝi estas, kiam filo de parlamentano povas aĉeti aŭtomobilon Bentley kaj veturi sur homojn, kaj oni ne punas lin. Tio estas via demokratio.

La politikisto pri kiu parolas Igor estas la skandale fama milionulo Iosif Fajngold, kiu dum kelkaj jaroj membris en la parlamento de Krimeo. Tie li reprezentis la partion Sojuz ("Unio") kiu subtenis la ideon de unuigita ŝtato konsistanta el Rusio, Belorusio kaj Ukrainio. Sed li mem ŝajnis uzi sian pozicion ĉefe por havigi al si eĉ pli da mono. Iosif

Fajngold kaj lia festenema filo Vitalij estis fine en krimea kortumo aku-
zitaj interalie pri malversacio kaj neintenca mortigo, sed ne ricevis
seriozan punon.

– Tiaj aferoj ne povas okazi en Belorusio, tie homoj eĉ ne kuraĝas
superi la rapidlimon, ili ja havas mortopunon. Ĉiuj timas, diras Igor.

Kaj tiel estu, opinias Svetlana. Severa disciplino estas bezonata, se
pensi pri tio, kiel statis la aferoj en Krimeo dum la ukrainia tempo, ŝi
diras.

– Ankaŭ en Rusio la homoj timas. Sed ĉi tie ĉe ni, se oni nur havas
monon, oni povas fari kion oni volas, stiri aŭton ebria kaj veturi sur
homojn, oni tamen elturniĝas.

Kiam la interparolo denove reiras al tio, kio fakte pliboniĝis post
la anekso kaj kio ne ŝanĝiĝis, Jefim ne plu eltenas, sed alkuras el sia
angulo de la malgranda salono.

– Ne, halt', halt', nun vi devas aŭskulti min. Vi ja demandas nur pri
mono, pri tio, kiu ricevas pli da salajro kaj kiu ne ricevas, sed tute ne
tio estas la grava afero. Temas pri tio, ke ni plu vivas, sen la verduloj
ĉi tie okazus masakro, tion vi ja devas kompreni. Ĉi tie estus pli mal-
bone ol en Odeso. Ĉio jam estis planita kaj la dato estis konata, estis du
mil teroristoj sur la flanko de la tataroj kaj ili devis ataki nin, ĉu vi sciis
tion? Ili staris tie ĉe la parlamentejo kaj preparis sin, ili akrigis kulerojn
kaj forkojn kaj ĉion eblan...

Mi demandas, kie Jefim trovas ĉiujn ĉi konspirteoriojn, sed lin ne
eblas haltigi.

– Tio estis skribita en la ĵurnalo, la aŭtoro estis bone informita. Kaj
mi vidis la bazojn de la teroristoj en okcidenta Ukrainio, ili ja montris
tion en la televido. Ilia tasko estis transpreni ĉiujn armilojn kaj komenci
trançmortigadi slavojn, por provoki la Nigramaran floton. Tiam iĝus
granda masakro kaj nenia referendumo. Kaj ili jam sciis, en kiu tago ĉio
devis komenciĝi, sed la verduloj venis pli frue, du tagojn pli frue.

Jefim tute certas, ke la tataroj laŭ sekreta plano devis fari masakron.

– Ĉi tie ja estis ukrainiaj trupoj, mi longe pripensis, kial Kievo ne
volis uzi la armeon, sed poste mi komprenis. Ili ja interkonsentis kun
la krimeaj tataroj, kiel komenci ĉion. Vi ja scias, kiel ili brulmortigis
homojn en Odeso. Se ne venus la verduloj, la sama afero okazus ĉi tie.
Kaj krome la krimeaj tataroj mortigus amason da homoj.

La tragedio en Odeso sur la ukrainia ĉeftero la 2-an de majo 2014
komenciĝis, kiam rusiemaj separistoj atakis manifestacion por unueca

Ukrainio. La perforto iom post iom akriĝis, dum la policanoj ĉefe pasive observis la okazaĵojn. Post stratbataloj la kolera homamaso ĉasis la separistojn al ilia tendaro ekster la Domo de la sindikatoj, kaj fajrigis la tendojn. La separistoj enfermiĝis en la sindikatejo. Oni pafis de sur la tegmento de la domo, kaj ankaŭ el la malamika homamaso ekster la domo. Baldaŭ oni ĵetis brulbotelojn, kaj fajro ekdisvastiĝis en la konstruaĵo. La rezulto estis 43 mortintoj, la plej multaj en la incendio.

Ĉio ŝajnas indiki, ke temis pri nekontrolita kresko de la perforto, almenaŭ parte kaŭzita de la nekompetenta agado de la polico, sed en la rusia propagando la okazaĵoj estas konsekvence priskribataj kiel masakro de rusoj, anticipe planita de ukrainaj ekstremdekstruloj kunlabore kun la ukrainia registaro. Kaj simila masakro do okazus en Krimeo se la verduloj ne malhelpus ĝin, pri tio Jefim estas tute konvinkita.

– Mia nepino Julka rakontis al mi, ke en ŝia laborejo estis tataro kiu diris tion, "ni baldaŭ tranĉmortigos vin ĉiujn". Kaj ĉu vi ne kredas ke ili same diradis ankaŭ pli frue?

Svetlana, kiu ĝis nun ne diris duonan malbonan vorton pri krimeaj tataroj, subite aliĝas al la argumento:

– Jes ja, pri tio ili parolis, tute malferme. Mia patro havis laborkamaradon kiu estas tataro, li venis ĉi tien en 1992, kaj ili tiam laboris kune jam ok jarojn. Ĉi tio okazis proksimume en la jaro 2000, ili havis iun laborejan festenon kaj sidis ĉe la sama tablo. Kaj tiam mia patro demandis lin pri tio: "Ni ja ĉiuj laboras kune ekde la disfalo de Sovetio, ni alkutimiĝis unu al la alia, vi ja ne intencas tranĉmortigi nin?" Kaj kion li respondas? "Jes ja, tion mi faros, mi ploros sed mi mortigos vin." Jen kiaj ili estas, jen kiel ili sin tenas al rusoj.

Mi pensas pri la krime-tatara kuracisto Guliver en Simferopolo, kies rusaj lernejaj kamaradoj en la 1990-aj jaroj volis scii, kien li metis sian tranĉilon. Guliver ja ŝercis kaj diris ke li lasis la tranĉilon hejme ĉar la kamaradoj lastatempe estis bonaj. Eble ankaŭ tiu epizodo nun estas rerakontata kiel ekzemplo pri tio, kiel teruraj estas la tataroj? Kiam oni subite bezonas minacojn kiel argumentojn por la rusia anekso, iama malbona ŝerco aŭ rakonto de nepino subite iĝas pruvo pri tio, ke la krimeaj tataroj efektive planas masakri rusojn. Kaj ne nur la tataroj, krome ja tuta trajnpleno da ekstremdekstruloj el okcidenta Ukrainio jam survojis al Krimeo por mortigi rusojn, oni asertas. La trajnon neniu vidis, sed en la cirkulantaj rakontoj ĝi estas same vera kiel la sekreta armilo de la tataraj teroristoj – la akrigitaj kuleroj en la poŝo de la pantalono.

Tuj post kiam prezidento Viktor Janukoviĉ fuĝis el Kievo, la rusiaj ŝtataj amaskomunikiloj komencis distrumpeti, ke faŝistoj per puĉo akaparis la potencon en Kievo. Tion oni ne povas nomi nura modifita vero – ĝi estas kompleta mensogo. Jes ja, estis ekstremdekstruloj inter la protestantoj sur la Placo de sendependeco, kaj unu el la tri ĉefaj gvidantoj de la protestoj estis la estro de la ekstremnaciisma partio Svoboda. Sed la ekstremistoj rivecis nur marĝenajn rolojn en la unua nova registaro – kaj poste komplete malgajnis en la parlamenta kaj prezidenta elektoj. Anstataŭe ambaŭfoje klare gajnis centrismaj politikaj fortoj.

Pri puĉo oni same apenaŭ povas paroli. Ja estis la tute laŭleĝa parlamento de Ukrainio, kiu vespere la 20-an de februaro, post la multaj mortpafoj en Kievo, decidis ke la trupoj estu forigitaj el la ĉefurbo, kaj malpermesis al la sekurservoj pafi kontraŭ la civitanoj. Kiam la trupoj malaperis, prezidento Janukoviĉ decidis fuĝi.

Diference de Krimeo, neniu sturmis la parlamenton en Kievo. Pro la malapero de la ŝtatprezidento, la prezidanto de la parlamento portempe estis nomita ŝtatestro, kiel la leĝo preskribas. Sed la tagoj post la mortpafoj estis maltrankvilaj en Kievo, kaj radikalaj grupoj ĉasis ĉiujn, kiujn oni povis suspekti pri ajna ligo kun la neidentigitaj kaŝpafistoj kiuj mortigis dekojn da protestantoj sur Placo de sendependeco. Ĝuste tiam kolono de busoj survoje al Krimeo estis atakita de perfortuloj. Iĝis vera masakro, rakontas Jefim. Li vidis la propagandan filmon, kiun la nova registaro de Krimeo publikigis en la reto.

– Oni haltigis ilin ekster Korsun, sude de Kievo, kaj tie oni tranĉmortigis ilin, tion faris Dekstra sektoro. Ili bruligis homojn en la busoj. Mi povas montri videon kun iliaj atestaĵoj, kaj krome mi aŭdis travivintojn rakonti dum manifestacioj. Tie estis junulo kiun ili devigis genui kaj postulis, ke li kantu la himnon de Ukrainio. Li ne sciis ĝin, li komencis kanti en la rusa, kaj tiam ili tranĉis lian gorĝon. Ĝuste tio okazis en tiu tempo, kaj ni sciis tion. Kaj ankaŭ ĉi tie okazus same, se ne la verduloj aperus ĝustatempe.

Iom strange tamen, ke neniuj okcidentaj aŭ ukrainiaj amaskomunikiloj raportis pri ajna masakro de krimeanoj en Korsun-Ŝevĉenkivskij en centra Ukrainio, kie la busoj estis haltigitaj fine de februaro. La asertoj pri dekoj da mortigitoj troveblas nur sur rusiaj propagandaj retejoj, kiuj disvastigas la profesie produktitan filmon, en kiu travivintoj rakontas pri siaj teruraj spertoj. La filmo ricevis la nomon "La pogromo ĉe Korsun" kaj estis prezentita al la publiko en la parlamentejo de Krimeo la 20-an de junio.

Precize kiel multo alia en la okazaĵoj en Ukrainio, ankaŭ ĉiuj rakontoj pri dekoj da mortintoj, tranĉitaj gorĝoj kaj bruligitaj korpoj estas nur propagandaj mensogoj. Pli atenta esploro de oficialaj eldiraĵoj dum la aktualaj tagoj montras, ke eĉ ne unu homo estis mortigita dum la atako kontraŭ la busoj en Korsun-Ŝevĉenkivskij. La tiama ministro pri sano en Krimeo rapide informiĝis pri la okazaĵoj, kaj povis poste dum gazetara konferenco rakonti al la lokaj ĵurnalistoj, ke ĉiuj krom tri el la 320 personoj, kiuj estis en la busoj, tute ne estis vunditaj. Du personoj estis neserioze vunditaj, flegitaj surloke, kaj poste pluveturis al Krimeo per trajno. Unu persono estis vundita iom pli serioze kaj portita al malsanulejo pro koksa luksacio kaj vundita ventro. Almenaŭ unu el la busoj efektive estis bruligita – sed ĝi estis malplena kiam tio okazis.

La atako kontraŭ la busoj certe estis ekstreme malagrabla por tiuj, kiuj estis devigitaj eliri, estis traktitaj humilige kaj eĉ fizike mistraktitaj, sed la atako estis nur unu el multaj perfortaĵoj, kiuj trafis ambaŭ flankojn de la konflikto en tiuj dedicaj tagoj en februaro. Kio efektive okazis tamen ne multe gravas, kiam necesas pruvi, ke Ukrainion regas faŝisma junto. Por Jefim kaj multaj aliaj en Krimeo la pogromo ĉe Korsun estas nerefutebla vero, kaj ankoraŭ unu argumento por tio, ke Krimeo devas aparteni al Rusio – alie la mavaj faŝistoj venos kaj mortigos ĉiujn.

Kiam Igor kaj Svetlana iras hejmen, ni decidas ne plu paroli pri la faŝistoj en Kievo – jam evidentas, ke ni ne konsentos. Anstataŭe Jefim montras al mi kelkajn pliajn belajn mineralojn en la reto. Kiam li volas spekti rusian televidon mi sidiĝas en la malgranda kuirejo por trinki tason da teo kaj legi – mi ne eltenas pliajn ekspertojn kiuj krias unu al la alia, ĉiu klopodante montri, ke ĝuste li pleje malamas la faŝisman junton en Kievo.

La nokto sur la mallarĝa, vitrumita balkono, kun vidaĵo al la verdfolia korto kaj la nubokovritaj montpintoj estas agrabla, kvankam la aŭtuno jam klare proksimiĝas. Post la matenmanĝo Jefim akompanas min por indiki la plej bonan vojon al la haltejo de la urbaj busoj. Ĉe la fluejo de la nun preskaŭ seka rivero li montras al kelkaj floroj.

– Mi plantis ilin kun junulara grupo en la printempo. Ili ne bone kreskis, do mi de tempo al tempo akvumis ilin. Nun ili ja aspektas bele. Sed vidu kiel malordaj la homoj estas!

Jefim plukas malplenan bierbotelon, kiu kuŝas inter la floroj, kaj ĵetas ĝin trans la malalta ŝtona muro, en la sekan riveron.

La centra haltejo de la urbaj busoj troviĝas apud la fama kinejo Spartak. Sur la barilo de la balkono estas per grandaj literoj skribite "Hollywood". "Usona kuirarto", reklamas la restoracio per iom malpli grandaj literoj. Ĉi tie oni ŝajne plu povas ricevi *amerikanon* – tio estas la rusa nomo por ordinara filtrita kafo. Por protesti kontraŭ la asertata agreso de Usono kontraŭ Rusio tra Ukrainio iuj kafejoj en Krimeo nun forstrekis la tro usonecan nomon sur siaj menuoj. La kafo nun nomiĝas *rossiano*.

La nomo de la kinejo estas skribita sur la fasado per reliefaj literoj – sur unu flanko de la balkono en la koloroj de Ukrainio, sur la alia flanko la literoj formas la trikoloran flagon de Rusio. Iam la koloroj devis simboli la eternan amikecon de Rusio kaj Ukrainio. Nun temas nur pri tio, ke neniu ankoraŭ havis tempon kovri la aĉajn ukrainiajn kolorojn per io pli taŭga.

❖

# La urbo de la rusa honoro

Estas sabato, kaj la vicoj longas en la bilethalo de la aŭtobusa stacio rande de Jalto, pli proksime al la montoj ol al la maro. Kiam mi proksimiĝas al la giĉeto, mi ekvidas sur la interna flanko de la vitro anoncon: "La pasaĝeroj atentu ke personoj kiuj alvenis al Krimeo de la rusia ĉeftero lastatempe ne estis tralasitaj al la ukrainia ĉeftero, sed eligitaj el la buso ĉe la limo." Krimeanoj kaj ukrainianoj, kiuj eniris Krimeon el la ukrainia ĉeftero, do daŭre povas veturi per buso al la ukrainia flanko. Sed tiuj, kiuj venis al Krimeo rekte el la rusia flanko de la limo, laŭ la ukrainiaj aŭtoritatoj troviĝas kontraŭleĝe en teritorio okupita de Rusio, kaj tial ne povas transiri la limon.

Sed mi veturos en la mala direkto, al la plej ruspatriota urbo en la tuta Krimeo, Sebastopolo. En la soveta tempo la urbo estis fermita por eksteruloj pro sia granda milita signifo, kaj post la disfalo de Sovetio la Rusio de Boris Jelcin longe rifuzis akcepti, ke ne nur Krimeo, sed ankaŭ la floturbo Sebastopolo apartenas al la sendependa Ukrainio. Nur en 1997 Rusio kaj Ukrainio sukcesis interkonsenti pri tio, kiel la sovetia nigramara floto estu dividita inter la landoj. Dum la sovetia tempo en Sebastopolo troviĝis milo da mararmeaj ŝipoj kaj boatoj, sed tre multaj el ili ne plu estis uzeblaj. La plej bonajn restintajn ŝipojn ricevis Rusio, kiu antaŭ kelkaj tagoj havis kvardekon da militŝipoj en Sebastopolo, inter tiuj unu flagŝipon, la krozoŝipon Moskva.

La lukontrakto de 1997 donis al la rusia floto dudek pliajn jarojn por trovi novan hejman havenon. Por multaj ukrainiaj politikistoj la 28-a de majo 2017 estis sankta dato. La rusia floto estis devonta forlasi Sebastopolon en tiu tago. Fine la urbo iĝos tute ukrainia. Neeble, diris multaj rusoj – Sebastopolo ja estas urbo de la rusa honoro ekde 1783, kaj restos tia.

En la fino de aprilo 2010, kiam Viktor Janukoviĉ estis la prezidento de Ukrainio preskaŭ precize de du monatoj, li interkonsentis kun Rusio pri longigo de la lukontrakto ĝis la jaro 2042. Kiam la longigo estis aprobota en la parlamento, komenciĝis pugnobatalo, kaj kruda ovo trafis rekte en okulon de la parlamentestro Volodimir Litvin, antaŭ ol gardistoj alkuris kun mantuko kaj du nigraj ombreloj por protekti lin. Post tio la opozicio eksplodigis du fumobombojn por devigi evakuon de la parlamentejo. Anstataŭe Litvin, kiu apenaŭ videblis tra la fumo, iniciatis voĉdonadon pri la interkonsento. La longigo de la lukontrakto estis aprobita kun marĝeno de dek voĉoj, kaj interŝanĝe Ukrainio ricevis grandan rabaton de la prezo de la rusia gaso. Nun Rusio nuligis la rabaton – la interkonsento ne plu validas, oni diras, ĉar Krimeo ne plu apartenas al Ukrainio.

Rusio same ne plu opinias sin ligita de la interkonsentita limigo rilate la kvanton de rusiaj ŝipoj en Sebastopolo. La interkonsento rajtigis aldonon de novaj ŝipoj nur post forigo el uzo de malnovaj. Post la anekso Rusio anoncis, ke trideko da novaj ŝipoj estos aldonita ene de sesjara periodo. Krome franca helikopter-portanta albordiĝ-ŝipo de la tipo Mistral devis grave fortigi la potencon de la rusia nigramara floto, ne nur en la Nigra Maro, sed ankaŭ en orienta Mediteraneo kaj sur la oceanoj. Entute la milita signifo de la rusia nigramara floto ege pliiĝis post la anekso de Krimeo, diras Jakob Hedenskog, sekurecpolitika analizisto ĉe FOI, esplorcentro de la svedia defendministerio.

– Antaŭ la kontraŭleĝa anekso la rusia nigramara floto havis antaŭ ĉio simbolan signifon, sed la agado de Rusio unue en Kartvelio en 2008 kaj nun en Ukrainio en 2014 montras, ke la sojlo por la uzo de armea perforto malaltiĝis. La sekurecpolitika situacio draste ŝanĝiĝis, kaj ne nur en la Nigra Maro. Per sia agreso kontraŭ Ukrainio kaj per la anekso de Krimeo Rusio defias la tutan eŭropan sistemon de sekureco. Kaj tial Rusio planas plu fortigi la nigramaran floton.

Sed nun estas kiel dirite sabato, kaj multaj volas busi el Jalto al la urbo de la rusa honoro. Eĉ tiel multaj, ke la du sekvaj veturoj estas elvenditaj, mi ekscias, kiam fine estas mia vico aĉeti bileton. Mi prenas bileton por buso kiu ekos nur post du horoj, kaj poste sidiĝas kun biero kaj pasteĉo en la trankvila kafejo sur la balkono malantaŭ la busstacio. La bongusta barela biero estas ukrainia. Evidente la malnovaj transportkanaloj el la ĉeftero plu funkcias almenaŭ kiam temas pri la plej nepraj varoj.

La poŝtelefona reto en Jalto ne estas brila, sed tamen iel eblas legi la plej freŝajn novaĵojn el Simferopolo. La situacio de Meclis kaj la tataroj ŝajnas ĉiam pli aĉa. Sed en Jalto brilas la suno, eĉ se la monto-pinto malantaŭ la busstacio estas kovrita de nuboj. Sur la informtabulo ĉe la vojrando videblas la blaga slogano de la municipo: "Jalto – urbo de feliĉo".

Post tri kvaronhoroj sur la balkono mi promenas al la antaŭa flanko de la aŭtobusa stacidomo por iom sondi, ĉu ne tamen iel eblus veturi pli frue.

– Sola? Cent rublojn, diras la biletkontrolisto, metas mian valize-ton en la bagaĝujon de la buso, kaj direktas min al la senpara sidloko plej antaŭe en la buso.

Kvitancon mi ne ricevas, kaj mi supozas ke ne indas ion diri pri la pagita bileto kiun mi jam havas en mia poŝo, por la sekva buso. Ĉio ĉi evidente ne estas tute oficiala – la buso ja devis esti plena, sed ŝaj-nas ke ne nur mi malhavas validan bileton. Tuj post kiam la buso elve-turas el la stacia korto, ĝi haltas por enpreni kelkajn pliajn pasaĝe-rojn kiuj pagas kontante. En la pli frua buso, kiun mi maltrafis, en la antaŭa fenestro pendis la ruspatriota rubando de sankta Georgo. Ĉi tie ĝin anstataŭas tri ortodoksaj ikonoj. Prefere tio, se mi devas elekti – la rubando de Georgo ne tre ravas, post kiam la separistoj en orienta Ukrainio komencis uzi ĝin kiel sian signon.

Kelkajn tagojn poste, kiam mi spektas la lokajn novaĵojn en la apartamento en la strato Kecskemét en Simferopolo, mi vidas la rusian impostpolicon razii aŭtobusan stacion por malkaŝi ŝoforojn kiuj pre-nas kontantan pagon de pasaĝeroj sen valida bileto. Tipa ekzemplo de la ukrainia koruptado, kiun oni ne toleros en la nova, rusia Krimeo, klarigas la novaĵlegisto.

Sed mi estas kontenta, ĉar nun mi atingos Sebastopolon unu horon pli frue. La laŭborda vojo tien el Jalto estas larĝa kaj bonstata. De ĉi tiu vojo venis la unuaj malcertaj observoj pri moviĝoj de la rusia mili-tistaro, la tagojn antaŭ la sturmo de la parlamentejo. Oni asertis ke tru-poj moviĝis direkte al Jalto, kaj poste oni observis ilin tie, ĉe la sanato-rio de la rusia armeo.

Kiam ni proksimiĝas al Sebastopolo, ni unue traveturas altebe-naĵon kun grandaj vinberkampoj. El ĉi tiu direkto la germanoj atakis la urbon en la malfrua vintro de 1942, kiam la cetera Krimeo jam estis okupita. La vojo serpentumas supren laŭ la deklivo kaj ni pretervetu-ras memorparkon kun multaj sovetiaj kanonoj kaj armeaj veturiloj el la tempo de la dua mondmilito – unu el la plej gravaj turismaj vidaĵoj de la urbo. La pordego ĉe la urbolimo estas enorma, blanka arko, dekorita per gigantaj kopioj de la tri sovetiaj ordenoj, kiujn la urbo ricevis pro heroaĵoj dum la granda patriota milito. Pinte de la arko estas fiksita ordeno de Lenino, la plej supra honorigo de Sovetio, kun profilbildo de la estro, kaj super ĝi ora stelo, signo de tio ke Sebastopolo estas heroa urbo. La reliefaj ordenoj ĝis lastatempe estis diskrete blankaj sur blanka fono. Nun ili estas farbitaj orkolore, arĝente kaj ruĝe, tiel ke ili akre videblas je granda distanco. La medalojn apudas la ciferoj 1783, kiam la urbo estis fondita de Katarina la Granda, kaj 1983, kiam la fermita sovetia militista urbo festis sian ducentjaran jubileon kaj la blanka urba pordego estis konstruita.

Ĉe la pordego staras ankaŭ busto de Katarina la Granda. Ŝi estis carino, kaj sekve ne tro populara en la sovetia epoko. Ankaŭ dum la ukrainia tempo ŝi ne estis ege ŝatata, sed nur kvar semajnojn post la rusia anekso ŝia busto aperis ĉe la enveturejo de la urbo, kiun ŝi igis rusia. La teksto sur la piedestalo klarigas, kial ŝi estis bona gvidanto de la lando: "Dum ŝia tempo sur la trono 1762-1796 la stukturo de la imperio estis renovigita, la forto de la rusiaj armeo kaj floto kreskis, multaj teritorioj estis aligitaj. La kulturo, klerigo kaj scienco floris." Sur la maldekstra flanko de la vojo staras nun alia busto, tiu de la fama favorato de Katarina la Granda, princo Grigorij Potjomkin, kiu aneksis Krimeon en 1783 kaj poste sola regis la novajn sudajn provincojn de Rusio. La statuoj estis liveritaj per kamionego, kiu enhavis plian dekduon da bustoj de rusiaj kaj sovetiaj militaj herooj. La aliaj bustoj, sur similaj kavaj metalaj piedestaloj, estis elmetitaj en longa vico en centra Sebastopolo, kaj baptitaj "Aleo de la rusa honoro".

Dum la ĉefurbo de Krimeo, Simferopolo, faras provincan kaj kaosan impreson kun siaj pendantaj elektraj dratoj kaj pelmela urboplano, tuj videblas ke Sebastopolo estas grava militista urbo kun forta heredaĵo de la grandpotenca tempo de la rusa imperio. "Morton al faŝismo" krias blanka teksto sur la nigra kirastrajno, memoraĵo de la granda patriota milito, nun muzea eksponaĵo ĉe la aŭtobusa stacio. Pompaj konstruaĵoj kun kolonoj kaj militaj monumentoj flankas la rektajn strategojn en la centro de la urbo. La marbordan promenejon regas la memorkolono de la ŝipoj iam subakvigitaj ĉe la malfermo de la havena golfo por haltigi la malamikan floton dum la krimea milito en la 1850-aj jaroj. La kolono, kiu videblas ankaŭ sur la blazono kaj flago de la urbo, staras sur ŝtonego en la maro, kelkdek metrojn de la promenejo.

Pramo kun la nomo Admiralo Istomin veturigadas aŭtojn al kaj el la nordaj urbopartoj, transe de la longa golfo. La prameto estas kovrita de reklamo por la loka banko Morskoj, "Mara banko", kiu estis fondita monaton post la anekso. La ukrainiaj bankoj tiam ĉesis funkcii en Krimeo, dum grandaj rusiaj bankoj ne volis malfermi oficejojn ĉi tie, ĉar ilin tiam povus minaci internaciaj sankcioj.

Populara varo en la suveniraj standoj ĉe la marborda promenejo estas t-ĉemizoj kun bildo de la rusia prezidento en nigraj sunokulvitroj aŭ en militista uniformo kun mitraleto sur la ŝultro. "Ĉu vi ne estas kun ni? Tiam ni venas al vi!" estas skribite sur unu el la ĉemizoj. "La forto de Rusio" sur alia. Sed la absolute plej populara teksto sur la Putinaj ĉemizoj estas alia: "La plej ĝentila el ĉiuj homoj". La teksto aludas al la verde vestitaj militistoj, kiujn oni rapide eknomis "ĝentilaj homoj", ĉar ili estis silentemaj kaj restis en la fono, dum la malpuran laboron ĉefe prizorgis la loke dungitaj "memdefendaj fortoj" de Sergej Aksjonov – ili batis tro scivolajn ĵurnalistojn kaj forportis protestantojn kaj aktivulojn, kiuj ankoraŭ ne lernis, ke preferindas silenti. Nun la ĝentiluloj estas ĉie, samkiel la Putinaj ĉemizoj. En la novkonstruita eksterlanda terminalo de la flughaveno Ŝeremetjevo en Moskvo oni povas trovi aŭtomaton, kiu vendas Putinajn ĉemizojn, kaj meze de la flughavena koridoro direkte al la ekspresa trajno al la centro de Moskvo la pasaĝeroj el eksterlando renkontas kartonan figuron: maskitan soldaton en plena batalekipaĵo, kun kalaŝnikova mitraleto en la mano. "Rusaj ĝentilaj homoj", estas skribite sur la ventro de la viro, per malnovmode ornamitaj ciri[l]aj literoj. Kaj en novembro 2014 la aŭtofabriko Ural prezentis novan kirasveturilon, kiu estis nomita "ĝentila kirasaŭto". Ĝi venkas malhelpojn tre ĝentile, la ĵurnalistoj eksciis dum la prezentado. Vladimir Putin, kiu inspektis la novan veturilon, ŝajnis kontenta. "Helpe de ĝentileco kaj armiloj oni atingas multe pli ol sole per ĝentileco", li komentis.

Mi renkontos entrepreniston, kiu same nomiĝas Vladimir, sed li estas okupita kaj sendis la ŝoforon de la entrepreno por preni min. Mi demandas al la ŝoforo, kiam li intencas ŝanĝi siajn ukrainiajn numerplatojn al la novaj rusiaj.

– Mi tute ne intencas ŝanĝi. Mi estas ukrainiano.

La ŝoforo estas unu el la tre malmultaj homoj en Sebastopolo, kiuj rakontas al mi pri sia kritika sinteno al la anekso. Liaj laborkamaradoj bone scias, kion li opinias. Tion mi rimarkas, kiam ni alvenas al la oficejo, kiu situas apud granda komerca centro iom ekster la urbocentro. Sed al ili ne gravas – li opiniu kion li volas, laŭ ili. En Sebastopolo lia opinio evidente estas tiel marĝena, ke ĝi ne ŝajnas minaca.

Vladimir, kies entrepreno posedas du fabrikojn de konservaĵoj, estas ronda viro, kiu ŝajnas koni ĉiujn en la granda konstruaĵo, ankaŭ la ĵurnalistojn de la loka televidstacio en la dua etaĝo. Sed antaŭ ol ni faros ion alian, ni manĝu bonan lunĉon, li diras. Tio taŭgas al mi, ĉar mi ne ricevis ion por manĝi post la pasteĉo en la aŭtobusa stacio en Jalto.

Ni eniras la aĉetcentron Musson ("Musono"), kaj ni povus same bone troviĝi preskaŭ kie ajn en suda aŭ orienta Eŭropo. La granda manĝaĵvendejo en la aĉetcentro apartenas al la ukrainia ĉeno Velmart, kaj la telefonbutiko al la ukrainia telefonentrepreno Kyivstar. Ambaŭ funkcias bonorde, kvankam la telefonnumeroj de Kyivstar ne estas uzeblaj en Krimeo de pluraj semajnoj. Supozeble la butiko nun vendas rusiajn SIM-kartojn, tion ja ĉiuj volas havi.

– Vi mem vidas, ĉio aĉeteblas ĉi tie. La babiloj pri varomanko en Krimeo ne estas seriozaj. Ĉi tie estas eĉ peltobutiko, kvankam mi tute ne scias, kion oni farus per pelto en Krimeo, ridas Vladimir.

La manĝo en la kafeterio konsistas el ordinaraj rus-ukrainiaj pladoj – bongustaj, grasaj kaj nekostaj. Nenio ĉi tie memorigas pri Sovetio – la laborantoj estas afablaj kaj efikaj, ĉio estas pura kaj orda, kaj la bufedo havas tegolan tegmenton kun traboj, kiuj igas la tutan aranĝon iom simili biendomon. Fabrike produktitan biendomon, eble, sed tamen. Vladimir prenas tri pladojn kaj grandan glason da Fanta. Mi kontentiĝas je mineralakvo kaj la plado de la tago.

Post la lunĉo Vladimir devas ankoraŭ iom labori. Mi vizitas la lokan televidkanalon NTS en la sekva etaĝo de la sama konstruaĵo. Sur honora loko en la malferma oficeja spaco pendas portreto de Vladimir Putin. La portreto estas parto de granda sendaĵo, kiun la urbaj aŭtoritatoj ricevis el Moskvo kaj poste disdonis al taŭgaj ricevantoj, mi ekscias. La mallongigo NTS signifas "Sendependa Televido de Sebastopolo", sed komplete sendependa la kanalo ja ne estas, ĝin posedas la entreprenisto Aleksej Ĉalij. La kanalo kaj Aleksej Ĉalij ambaŭ havis centran rolon en la popola leviĝo en Sebastopolo. Kaj se demandi al la ĵurnalisto Ivan Klepaĉov ĉe NTS, kiu estas juna viro en nigra ĝinzo, blua pulovero kun kapuĉo kaj bone poluritaj okulvitroj, ĉion fakte faris la loĝantoj de Sebastopolo, ne la verdaj soldatoj.

– Jam Tolstoj ja skribis, ke oni ne povas trovi sin en Sebastopolo sen ke la sango bolu de fiero pro la historio kaj ĉiuj homoj, kiuj ĉi tie defendis Rusion. Ĉi tio estas la fiero de la nacio, geopolitika punkto, kie tre multo en nia historio estis decidita, kaj ĉio ĉi estas sankta por la loĝantoj de Sebastopolo. Tiuj, kiuj loĝas ĉi tie, sentas nerompeblan kontakton al nia historio, al la granda patriota milito, kiam sebastopolanoj defendis sian urbon dum 251 tagoj. Tial la historio estas grava por la homoj ĉi tie.

Sed spite la longan rusan historion de la urbo, kaj spite al tio, ke preskaŭ ĉiuj loĝantoj ĉi tie opinias sin rusoj, apenaŭ iu en Sebastopolo vere kredis, ke Sebastopolo aŭ Krimeo povus iĝi parto de Rusio, diras Ivan Klepaĉov, samkiel multaj aliaj.

– Ni vivis en Ukrainio kaj homoj ĝenerale tute kontentis pri la stato de la aferoj. Ne estis plano, kiu celis igi nin parto de Rusio. Sed kompreneble ni iĝis maltrankvilaj, kiam ni vidis la okazaĵojn en Kievo. Tie inter la homoj ja estis ekstremdekstruloj, naciistoj. Tio ne eblas, tion neniu en Sebastopolo povas akcepti, ĉi tie ja estas multegaj monumentoj por memori la sovetiajn soldatojn, kiuj donis ĉion por haltigi faŝismon. Kaj kiam homoj komprenis, ke kiam ajn povas veni ĉi tien tia ekstremdekstrulo el Kievo kaj komenci dikti al ni, kion ni rajtas kaj ne rajtas fari ĉi tie, tiam multaj maltrankviliĝis pri la estonteco. Sed ĉiuj ja tamen kredis, ke iĝos ia kompromiso.

Kiam prezidento Viktor Janukoviĉ fuĝis el Kievo la 22-an de februaro, la influhavaj rusaj aktivuloj en Sebastopolo opiniis, ke estas tempo fari ion, kaj ili vokis al granda manifestacio la 23-an de februaro. La alvoko estis disvastigita interalie tra NTS, diras Ivan Klepaĉov. Kaj la manifestacio iĝis enorma – sed tute ne kiel en Kievo, li diras.

– Ĉi tie la polico partoprenis kun la popolo, kaj neniu havis ajnajn batilojn, ĉio estis tute paca.

La proksimume 20 000 manifestaciantoj svingis flagojn de Rusio kaj fajfis, kiam la ukrainia urbestro petis ilin resti trankvilaj kaj ne rompi la unuecon de Ukrainio. Aleksej Ĉalij, la posedanto de NTS, estis krie elektita "popola urbestro", kaj baldaŭ iĝis la gvidanto de la sebastopola ribelo kontraŭ la nova registaro en Kievo. La ukrainia urbestro forlasis sian postenon kaj la urbon.

– Tiam ĉiuj komprenis, ke la okazaĵoj jam troviĝas ekster la limoj de la leĝo, kaj ke ukrainiaj sekurfortoj kiam ajn povus provi restarigi la ordon kaj enoficigi novan urbestron, el Kievo. Tial multaj komencis organiziĝi en sindefendaj trupoj. En Sebastopolo estas tre multaj militistoj kaj eksaj militistoj, kaj ili scias precize, kiel fari tion. Ili organizis sin en grupoj kaj komencis starigi vojkontrolejojn, por certigi ke neniuj eksteruloj povu veturi en Sebastopolon. Ankaŭ tio ja ne estis tute leĝa, sed simple ne estis alia vojo, ja ankaŭ en Kievo oni ignoris la leĝon kiel oni volis.

La specialaj taĉmentoj de la malnova ukrainia registaro kun la nomo Berkut, reĝa aglo, estis senditaj al Kievo interalie el Sebastopolo, por polici manifestaciojn. Oni nun akuzis ilin pri pafado kaj mortigado de manifestaciantoj, kaj la tuta grupo Berkut estis malfondita. La taĉmento el Sebastopolo rifuzis obei la ordonojn de Kievo. Multaj anoj anstataŭe veturis al la limo inter Krimeo kaj la cetera Ukrainio por starigi tie vojkontrolejon, diras Ivan Klepaĉov.

– Ili veturis tien, ĉar ĉi tie en Sebstopolo ni jam havis lokajn memdefendajn taĉmentojn. Ili tute silente veturis tien, ne multaj sciis pri tio, antaŭ ol ili komencis telefoni al siaj familianoj. Mi veturis tien por fari raportaĵon kaj vidis ĉion propraokule. Estis eble kvindeko da viroj tie, estis kaj Berkut-anoj, kaj veteranoj, kaj aliaj, kiujn ili povis fidi. Ili metis terenaŭton UAZ trans la vojo, kaj haltigis ĉiujn aŭtojn por certigi ke neniu enveturigu armilojn.

Sed daŭre neniu serioze pensis, ke Krimeo iĝos rusia, memoras Ivan Klepaĉov.

– Ne, pri Rusio ne temis, nur pri defendo. Nur kiam rusiaj militistoj de la nigramara floto iom kaŝe komencis helpi, evidentiĝis, ke la ukrainia ŝtato ĉi tie ne plu ekzistas.

Ivan Klepaĉov estas tute certa, ke la verduloj venis de la nigramara floto.

– Mi ne scias, kiel estis en aliaj partoj de Krimeo, sed ĉe ni evidentis, ke ili venis de la mararmeo. Sebastopolo ja estas la hejma haveno de la nigramara floto, la tuta gvidantaro havas sian sidejon ĉi tie. Se do estiĝos bataloj, tio minacos la nervocentron de la floto. Kaj por malhelpi tion oni blokis la ukrainajn militajn bazojn.

Kaj kiam tamen fine iĝis referendumo, ĉiuj iris voĉdoni por Rusio, ĉar neniu ja volis ke ĉi tien venu faŝismo, klarigas Ivan Klepaĉov.

– En mia tuta vivo mi neniam vidis tiom da homoj, kiuj volas voĉdoni. Kutime oni ja sufiĉe indiferente sin tenas. Vere ĉio estis farita tre rapide, kiam oni organizis tiun referendumon, sed simple mankis tempo. Ni timis, ke iĝos milito. Kiam mi parolis kun la viroj de Berkut ĉe la vojkontrolejo, ili diris, ke por ili jam ne estas vojo reen, se Krimeo restus parto de Ukrainio, ili estus malliberigitaj dumvive.

Ivan Klepaĉov mem naskiĝis en Odeso en la ukrainia ĉeftero. Nun li estas rusia civitano, dum liaj gepatroj plu loĝas en Ukrainio. Sed ili opinias same kiel li, li diras.

– Mia patrino estas ruso, mia patro duone ukraino kaj duone ruso. Sed tio tute ne gravas. Mi naskiĝis en 1989, kiam Sovetio ekzistis, kaj mi opinias, ke ni plu apartenas al la sama popolo. Oni simple dividis nin en artefarita maniero, oni elpensis la tuton. Iu ja gajnas per tio, ke ni ne plu amu unu la alian sed nur monon.

Ivan Klepaĉov estis dujara kiam Sovetio disfalis, kaj li kreskis en la sendependa Ukrainio. Li povas memori nenion pri vivo en Sovetio. Tamen ankaŭ li sopiras reen al la bona sovetia epoko.

Post la vizito ĉe la televidstacio mi reiras al la oficejo de Vladimir. Li ankoraŭ ne revenis, sed liaj du dungitoj regalas min per teo dum mi atendas. La taso estas de speco kiu populariĝis en Sebastopolo post la rusia anekso. La bildo montras grandan rusan urson sur fono de flago de Rusio. La urso blekegas al atakanta usona aglo. "Nia lando – niaj reguloj!" estas skribite sub la bildo. Sube estas skribita retadreso, per cirilaj literoj: zasvobodu.rf. La adreso signifas "por libereco". En Rusio superregas mondopriskribo, laŭ kiu ĝuste Rusio defendas la liberecon, dum EU kaj precipe Usono volas nur sklavigi la ukrainan kaj poste ankaŭ la rusan popolon.

La du junaj viroj en la oficejo ne ŝajnas havi ege multe por fari, do ili povas iom babili kun mi. Montriĝas, ke ambaŭ ekloĝis en Sebastopolo relative lastatempe, post la anekso. Ili esperas gajni monon per la rekonstruo de la loka infrastrukturo, kiun promesis entrepreni Rusio.

– Mi ŝatus aĉeti negrandan fermitan kolbasfabrikon aŭ ion similan, kaj restarigi ĝin, tio ja devus kosti malpli ĉi tie ol en Rusio. Sed ĝis nun mi ne sukcesis trovi ion, diras unu el la viroj, tiu kun malhelaj haroj.

Li translokiĝis ĉi tien el Armenio kaj havas fraton en Svedio.

– Li ricevis tie statuson de rifuĝinto, kvankam daŭris ege longe. Sed li ŝajnas vivi kiel pensiulo, li ricevas monon de la ŝtato kaj ne faras aparte multe. Tio ne taŭgus por mi. Mi dum iom da tempo laboris en Rusio, poste mi reveturis al Armenio. Sed tie ne eblas gajni monon, tie mankas bonaj laboroj, tial mi decidis provi ĉi tie, li klarigas.

Lia blonda kolego, kiu venas el Ĉuvaŝio en Rusio, opinias ke en Krimeo la plej multaj aferoj estas malnovmodaj kaj postrestintaj, multe devos esti rekonstruita.

– Simple rigardu la butikojn, estas ja kiel ĉe ni antaŭ multaj jaroj, oni eĉ ne rajtas mem preni la varojn. Kaj tamen ĉio kostas pli ĉi tie ol ĉe ni, kaj la prezoj daŭre altiĝas! Sed la prezoj ja estis multe malpli altaj antaŭ la anekso, mi memorigas. Iĝis pli komplike veturigi ĉi tien varojn. Kaj ne iĝos pli simple estonte, ĉar Rusio apenaŭ redonos Krimeon, kiel esperas la ukrainianoj.

La blondulo ridas al la absurda penso.

– Ne, vere ne. Ĝi ja apartenas al Rusio, kaj Rusio neniam redonas tion, kio apartenas al Rusio.

Kiam Vladimir revenas, ni ĝisas la duopon en la oficejo kaj saltas en lian arĝentkoloran urban terenaŭton de la marko Suzuki, por veturi al granda naskiĝtaga festeno, kie mi havos la ŝancon paroli kun pliaj sebastopolanoj. Vladimir havas rusiajn numerplatojn sur sia aŭto. La lukon de la bagaĝujo ornamas granda, ovala glumarko kun la rusia landa mallongigo RUS, kaj alia kun la blu-blanka rusia flota flago, la flago de Andreo, kun la teksto "Hejma haveno Sebastopolo".

La naskiĝtaga festeno okazas en ejo kiu ŝajne apartenas al libertempa vilaĝo proksime al la urboĉirkaŭa ŝoseo, kelkajn kilometrojn de la maro. Babilado plenigas la ĉambron, kie kvardeko da bele vestitaj plenkreskuloj sidas ĉe granda, U-forma tablo, manĝas kaj drinkas bongustaĵojn kaj ĝenerale ŝajnas bone amuziĝi. La infanoj evidente jam sufiĉe longe sidis, ili nun ĉirkaŭkuradas en la salono. Oni proponas al mi lokon ĉe la tablo, sed mi ne volas altrudiĝi, mi diras.Tial mi neniam ekscias, kies naskiĝtagon oni fakte festas. Anstataŭe mi eliras sur la terason, kie estas pli facile interparoli kaj kie mi ne bezonas tostadi.

La unua homo, kun kiu mi sukcesas paroli, estas grizhara viro kun iom ronda ventro, vestita en eleganta, hele griza somera kostumo kaj ĉerizkolora ĉemizo. Li nomiĝas Jurij kaj estas inĝeniero pri malvarmigaj aparatoj en granda fiŝkapta ŝipo. Li ege entuziasmiĝas kiam li komprenas, ke li rajtos rakonti pri siaj vidpunktoj al okcidenta ĵurnalisto. Tio vere estas bezonata, ĉar pri Rusio kaj Krimeo oni en la okcidento disvastigas nur mensogojn, li opinias.

– Mi rimarkis, ke Ukrainio komencis iĝi faŝisma jam en 2005, kiam Juŝĉenko ekhavis la potencon. Li ja estas malferma faŝisto. Pri la pli fruaj prezidentoj, Kravĉuk kaj Kuĉma, ne estis tiel evidente, sed jen tute malferma faŝisto. Nur rigardu kion li faris – dum sia periodo kiel prezidento li starigis statuojn de ĉiuj faŝistoj kiuj ekzistas, la sola por kiu li ne havis tempon meti statuon estis Hitlero. Bandera ricevis statuon, kaj ĉiuj ceteraj same.

Fakte prezidento Viktor Juŝĉenko kompreneble ne estis faŝisto. Dum sia prezidenta periodo li ĉefe faris la impreson de konservativa ukraina naciisto sen klara politika programo. Ne multon el la grandaj promesoj de la oranĝa revolucio li sukcesis realigi. Sed ja veras, ke li lasis starigi statuojn por du disputvekaj ukrainaj naciistaj gvidantoj, Sepan Bandera kaj Roman Ŝuĥeviĉ – kaj donis al ambaŭ la honortitolon "Heroo de Ukrainio".

Bandera estis estro de perforta ukraina naciista organizaĵo en orienta Pollando dum la intermilita periodo. Tie li estis kondamnita al morto pro terorismo, sed la puno estis mildigita al dumviva malliberejo. La ukrainaj naciistoj longe kunlaboris kun Germanio, kaj Bandera estis liberigita post la nazia invado. Li tamen ne estis sufiĉe kunlaborema por la nazioj, kaj baldaŭ li denove estis malliberigita. Lia partizana armeo, kies estro estis Roman Ŝuĥeviĉ, en la fina fazo de la dua mondmilito batalis kaj kontraŭ la sovetia armeo kaj kontraŭ nazia Germanio. Sed liaj partizanoj ankaŭ entreprenis etnan purigadon, precipe kontraŭ poloj.

En la sovetia, kaj poste en la rusia oficiala historio la ukraina partizana armeo estis simplige stampita obeemaj subuloj de la nazioj. Tial la decido de Juŝĉenko en 2010 nomi Bandera nacia hero kaŭzis grandan disputon. La decido estis nuligita la sekvan jaron, post jura proceso, sed la rilato al Bandera plu dividas ukrainianojn.

Kiel ajn, laŭ Jurij la oranĝa revolucio en 2004, kiu kondukis Juŝĉenko al la potenco, fakte estis okcidenta konspiro direktita kontraŭ Rusio – tre ofta interpreto en Rusio, ĉar ĝuste tiun version la rusiaj amaskomunikiloj disvastigas jam dum jardeko.

– Kaj kiam mi aŭdis, kio nun okazas en Kievo, mi komprenis, ke la premo kontraŭ Rusio tra Ukrainio daŭras. Tra Ukrainio, ĉar tie oni jam kreis la necesajn kondiĉojn, la homoj tie estas tute cerbolavitaj, komplete kaj trae. Dum 23 jaroj ili edukis junan generacion, kiu en la kapo havas nenion krom kaĉo. Mi malbonfartas kiam mi vidas, kio estas skribita en iliaj lernejaj libroj. Mi havas nepon, kiu estas 23-jara, li frekventis la lernejon ĉi tie, ĉar la gepatroj loĝas en Novosibirsk, kaj kiam mi rigardis, kio estis skribita en lia ukrainia lernolibro de historio, mi estis tute ŝokita. Nekredeblajn misinstruojn oni verŝas en iliajn kapojn. Tie eĉ estis dirite, ke Naĥimov estis ukraino!

La admiralo Pavel Naĥimov, kiu gvidis la defendon de Sebastopolo dum la krimea milito en la 1850-aj jaroj, estas unu el la plej admirataj rusaj militherooj. Lia statuo staras sur centra placo en Sebastopolo – placo, kiu kompreneble portas lian nomon. Neniu neas, ke Naĥimov naskiĝis en Vjazma en centra Rusio, sed ukrainiaj fontoj ofte aldonas informojn pri la supozataj ukrainaj radikoj de lia familio. Oni ja povus pensi, ke ankaŭ ukrainianoj rajtu iom fieri pri la granda admiralo, tio ja neniel malutilus? Sed Juri ne opinias tion. La rusaj militaj herooj estas rusaj, kaj jen ĉio.

– Estas tute malsane nomi lin ukraino. Ili ĉiuj batalis por Rusio, Ukrainio ja neniam ekzistis kiel sendependa ŝtato.

Povus ja funkcii ke Krimeo estu parto de Ukrainio, se la registaro konsiderus la specifaĵojn de Krimeo, sed tion oni ne faris, diras Jurij.

– Mi estis surmare kiam ĉio okazis, ni estis ekster Angolo, sed kiam mi aŭdis pri la referendumo, mi ridis. Fine ili ricevis tion, kion ili petis, mi diris al mia edzino per la satelita telefono. Ĉar ili ja nenion faris. Ili uzu sian cerbon, se ili havas, Krimeo estas ja tute malsama! Sed ili komencis trudi al ni la ukrainan lingvon. Kial mi lernu plian lingvon? Mi ne estas infaneto. Jes, mia nepo lernis la ukrainan en la lernejo, mi neniel kontraŭas, estas bone scii du lingvojn, tio evoluigas la cerbon. Sed kial trudi al plenkreskuloj? En la televido iĝis nur la ukraina lingvo. Sed tiam mi havigis al mi satelitan antenon. Mi aŭskultas Rusion, ĝi estas mia lando.

Kaj Jurij konsentas pri tio, kion diras la rusia televido – malantaŭ ĉiuj problemoj en Ukrainio staras Usono.

– Ukrainio estas bagatelo en ĉi tiu afero. Temas pri Ameriko, kiu volas subpremi Rusion. Rigardu la mondan historion, ĉiam ĉiuj iritiĝis pri Rusio. La tutan tempon Eŭropo provis kapti Rusion en siajn dentojn, jen de tiu flanko, jen de alia. Kial vi enŝoviĝas el ĉiuj direktoj? Kial vi ne lasas Rusion en paco? Kaj la babilaĵoj ke en orienta Ukrainio estus rusiaj trupoj, tio estas ja ridinda. Ĉar tiuokaze la rusoj ja jam delonge estus en Kievo, ĉu ne?

Sed eble ne ĉio kion diras la rusia televido estas vera, ĉu efektive oni povas fidi ĉion, mi demandas.

– Mi ja ne bezonas fidi ĉion, mi ja havas mian propran cerbon, mi havas mian vivosperton, mi kapablas mem pensi. Sed kiam mi aŭdas kion diras idiotoj kiel tiu Barroso en EU, tiu senkapa perfidulo... Pardonu. Sed ke la sindefendaj trupoj estus faligintaj tiun pasaĝeran aviadilon per Buk-misilo, kiaspeca stultaĵo estas tio? Kia misilo? Se oni babilas tiel, oni havas nebulon en la kranio.

Spite ĉiujn fotojn de la aerdefendaj misiloj, kiuj estis transporti-
taj el Rusio al la teritorio regata de la ribeluloj, kaj spite multajn indi-
cojn, laŭ kiuj la ribeluloj erare kredis ke la flugo MH-17 estas ukrainia
milita aviadilo, Jurij preferas kredi la version de la rusiaj amaskomuni-
kiloj. Laŭ ĝi la pasaĝeran aviadilon intence faligis la ukrainia armeo. La
celo estus igi Eŭropan Union enkonduki sankciojn kontraŭ Rusio. Kaj
cetere, ke Ukrainio entute ekzistas, tio estas pro Stalino, li poste diras.

– Se li ne aligus okcidentan Ukrainion kaj okcidentan Belorusion
al Sovetio en 1939, ili plu vivus sub pola kaj hungara regado, ili neniam
havus propran regadon. Tio estas, kio okazis ĉi tie. Ĉi tio estis Sovetio.
Same pri Donbass. Ĉion ĉi konstruis Stalino. Li neniam povintus kredi,
ke io ĉi tia okazos inter Rusio kaj Ukrainio, li estus terurita.

Ŝajnas, ke Jurij neniam ŝatis Usonon aŭ Eŭropan Union. Tiurilate
li diferencas de la plej multaj rusianoj. Laŭ la sendependa rusia opini-
instituto Levada, en la somero de 2013 du el tri rusianoj pozitive sin
tenis al EU. La sinteno restis praktike senŝanĝa dum la lastaj dek jaroj,
escepte de la tempo ĉirkaŭ la milito en Kartvelio en 2008. Sed eĉ tiam
pli multaj sin tenis al EU pozitive ol negative.

Nun ĉio malsamas. La okazaĵoj en Ukrainio estas en Rusio ĝenerale
vidataj kiel rezulto de okcidenta enmiksiĝo, kaj en septembro 2014
malpli ol 20 procentoj el la pridemanditoj havis pozitivan sintenon al
EU. Eŭropan Union tiam malŝatis 68 procentoj, kaj eĉ pli multaj, 74
procentoj, malŝatis Usonon.

La sinteno de rusianoj al Usono ĉiam estis pli ŝtorma ol ilia sinteno
al EU, ĉefe ĉar Usono estas la tradicia malamiko, kiun oni daŭre facile
vidas malantaŭ ĉio malbona kio okazas en la mondo. Krome multe pli
da rusianoj efektive vizitis iun landon de EU, kaj tial povis formi sian
propran opinion, tiel ke ilia percepto ne estas tute dependa de la pro-
pagando en la ŝtata televido.

Viktorija, ĝoja, rondeta virino en florornamita robo, aliĝas al la
interparolo. Ŝi partoprenis la grandan manifestacion sur la placo Naĥi-
mov la 23-an de februaro, la tagon post kiam prezidento Viktor Janu-
koviĉ fuĝis el Kievo.

– Ni eksciis en la reto, ke estos manifestacio je la kvara, sed ni ne
povis imagi, ke estos tiom da homoj. En la centro ne eblis parkumi.
Ni devis marŝi longan vojon, mi, mia edzo kaj nia infano. Ankaŭ miaj
parencoj estis tie kun siaj infanoj, kaj homoj el la laborejo de mia edzo.
Multaj estis maltrankvilaj, ĉar oni komencis sendi militservantojn de ĉi

tie al Kievo, filoj de kelkaj konatoj estis tie. En la televido ni povis vidi, kiel oni mortigadas homojn tie kaj ĵetadas brulbotelojn. Estas terure, se la faŝismo revenas. Do kompreneble ni iris al la manifestacio, preskaŭ la tuta urbo estis tie, tio estis nekredeble impona. Kaj tiam homoj komencis aliĝi al la sindefendaj trupoj. Filo de unu el miaj amikinoj estas nur dudekjara, li venis hejmen kaj diris ke li aliĝis. Ĉu vi freneziĝis, Artjom? ŝi demandis. Sed li ne ŝanĝis sian decidon. Kiu faros tion aliokaze? li diris, ni devas defendi nian urbon.

Kiam iĝis referendumo estis memklare por ĉiuj voĉdoni por Rusio, ŝi diras. Kaj ankaŭ en la loka balotado en septembro ne estis malfacile elekti partion.

– Kompreneble ne, klare ke ni voĉdonis por Unueca Rusio. Ni ja estas unuigitaj, kaj unuigitan popolon oni neniam povas venki. Krome Unuecan Rusion kreis Vladimir Putin, kaj lin ni tre respektas, li vere estas homo kiu influas la mondan politikon kaj faros tion ankaŭ estonte, nur li povas garantii la pacon.

Sen Putin en Krimeo estus milito, precize kiel en orienta Ukrainio, opinias Viktorija. Ŝi havas nenian komprenon por la ukrainianoj, kiuj kredas ke sen Putin ankaŭ en orienta Ukrainio estus trankvile. Ne, Putin volas pacon, pri tio ŝi estas komplete konvinkita.

Viktorija estas festen-aranĝisto, ŝi organizas la programon en festenoj de entreprenoj kaj similaj kunvenoj. Sed ĝuste nun ŝi estas hejme kun infano, ŝi diras. Ŝia amikino Olga estas entreprenisto, kiu denove ekloĝis en Krimeo antaŭ nur kelkaj monatoj, jam post la anekso. Ŝi naskiĝis kaj kreskis en Sebastopolo, sed ŝia tuta familio ekloĝis en Moskvo kiam Juŝĉenko ekhavis la potencon en la oranĝa revolucio antaŭ dek jaroj. Ne nur pro la revolucio, sed ĝi ja influis, ŝi diras.

– Ĉar dum la lastaj jaroj ĉi tie oni daŭre entreprenis ukrainigan politikon. Ni naskiĝis ĉi tie kaj frekventis la lernejon ĉi tie, sed ĉar Sebastopolo estas militista urbo, ni ne studis la ukrainan lingvon. Mi nenial kontraŭas la ukrainan, estas bela lingvo, sed la trudado estas naŭza. Mi memoras, kiam oni decidis, ke la himno de Sebastopolo estu kantata en la ukraina. Por ni tio estis tute nepensebla, Sebastopolo estas rusa urbo, ne eblas ke la himno estu en la ukraina. Kaj pasis nur semajno, poste ili devis kapitulaci.

Estas vere, ke la televidkanalo de la ukrainia floto, Briz, ekde la jaro 2006 ludadis la himnon de Sebastopolo en la ukraina. La urbanojn tiam iritis antaŭ ĉio ne la lingvo, sed tio, ke la ukraina versio de la kanto nomis Sebastopolon "urbo de la ukrainiaj maristoj". Neniun oni devigis kanti la himnon en la ukraina. Ĉiuokaze la rusa lingvo estis ĉiam pli subpremata en Krimeo post la oranĝa revolucio, opinias Olga.

– Ne estas vero tio, kion oni nun diradas en ukrainia televido, ke ili neniam subpremis nin. Tion ili ja faris, speciale post 2004. Ili ekzemple komencis dungi homojn el okcidenta Ukrainio kiel rektorojn. Mia patrino estas instruisto pri matematiko, kaj kiam ili havis kunsidojn, la rektoro diris, ke ni nun loĝas en Ukrainio, do ni parolu nur ukraine dum la kunsido. Tio estas stultaĵo, ĉi tie oni ne parolas ukraine.

Sed sendepende de tio, kiun lingvon la rektoro volis paroli ĉe la kunsida tablo, preskaŭ ĉiuj lernejoj en Sebastopolo ĉiam estis kaj restis ruslingvaj. Estis unu ukrainlingva lernejo kun kvindeko da lernantoj, kaj en kelkaj lernejoj estis iuj ukrainlingvaj klasoj, sed la lernejan lingvon de la infanoj ĉiam elektis la gepatroj mem, neniu alia.

Tamen estis amaso da etaĵoj, kiuj kaŭzis, ke multaj ne sentis sin respektataj en la ukrainia Krimeo, ŝi diras. Kaj kompreneble la faŝistoj, kiuj prenis la potencon en Kievo.

– Mi certis, ke Sebastopolo neniam povus iĝi faŝisma urbo, mi kreskis ĉi tie kaj mi scias, kiaj estas la sebastopolanoj, ili neniam permesus tion. Kaj ili ne permesis.

En marto 2014, kiam Vladimir Putin kaj reprezentantoj de la nova registaro de Krimeo en rekta elsendo subskribis la traktaton pri la aligo de Krimeo al Rusio, Olga ankoraŭ estis en Moskvo.

– En Moskvo estas relative multaj eksaj sebastopolanoj, ni tiam kolektiĝis por festi, ni aĉetis ĉampanon kaj konjakon, kaj kiam ili subskribis la traktaton ni ploris pro feliĉo, por tiu sento mankas vortoj.

Sur la teraso malvarmiĝas kaj ni denove saltas en la aŭton. Restas dudeko da kilometroj por veturi, ni iros al la norda flanko de Sebastopolo. Iom flanke de la larĝa ĉirkaŭurba ŝoseo videblas aroj da novaj, grandaj vilaoj. Ĉi tie loĝas la luksuloj, mi ekscias, tiuj, kiuj riĉiĝis dum la ukrainiaj jaroj. Ili ne ŝajnas malmultaj.

Kiam ni ĉirkaŭveturas la pinton de la golfo, Vladimir montras al kelkaj strange kvarangulaj truoj en la roko.

– Tio estas la grota monaĥejo. Tie estis ankaŭ vinkeloj, la vinfarejo ĉi tie en Inkerman estas mondfama. Kaj dum la granda patriota milito la defendantoj de Sebastopolo kaŝis sin tie. La akvo elĉerpiĝis, ili devis lavi la vundojn de la trafitoj per ĉampano kaj trinki vinon, kiam ili iĝis soifaj.

Vladimir rigardetas al mi severe kiam mi iom ridas.

– Tio ne estas io por ridi. Estas terure kiam oni estas mortanta pro soifo kaj ne havas akvon. Kaj tre multaj pereis.

Tio lasta ĉiuokaze estas vera. La nombro de mortintoj sur la sovetia flanko dum la blokado de Sebastopolo en 1941–42 laŭ oficialaj informoj estis minimume 18 000. Sed ĉu vere la defendantoj devis trinki vinon anstataŭ akvo? Kiel ofte en Sebastopolo, la limo inter fakto kaj fantazio ŝajnas malklara. Subite estas ĝenerale akceptita fakto, ke Vladimir Putin faras ĉion por konservi la pacon en Ukrainio kaj la tuta mondo. Kaj ja estas tiel, ĉu ne, ke efektive Usono atakas Rusion, cerbolavante la ukrainianojn, tiel ke ili subite kredas ke ili volas al EU?

Ni haltas por benzinumi ĉe butiko kiu ne plu akceptas kreditkartojn. La teksto sur la benzinpumpilo estas plu en la ukraina, sed la prezoj kompreneble estas en rubloj. La tre juna viro en la verd-blua uniformo de la benzinejo, kiu plenigas la benzinujon de la aŭto, volas saluti en la angla, kiam li komprenas, ke antaŭ li subite staras vera eksterlandano. Sed en la angla li kapablas nur saluti. Oni ne vere bezonas la anglan por io en la rusa urbo Sebastopolo.

Tamen, kion oni do diras en Svedio, demandas Vladimir, post iom pli da veturado – kion oni pensas tie pri la krizo?

La geografia situo de Svedio kaŭzas, ke multaj zorgas pri la estonteco, ja ne ĉiuj najbaroj estas tute antaŭvideblaj, mi formulas diskrete. Vladimir kapjesas.

– Mi komprenas. Vi celas la baltajn landojn, ili ja membras en NATO.

Kiam mi klarigas, ke la plej multaj en Svedio tamen pli maltrankvilas pri tio, kion povus fari Rusio, li indigniĝas.

– Fu, stultaĵo! Rusio kompreneble neniun minacas, tion vi apenaŭ eĉ mem povas kredi!

Ĝuste en tiu momento ni troviĝas je dukilometra distanco de la milita flugbazo Belbek, kiu antaŭ duonjaro estis ukrainia. Nun ĝi estas rusia.

Ni survojas al iama fermita sovetia loĝdistrikto tuj apud la aviada bazo. Ni longe veturas laŭ betona murego, ĝis ni atingas pordon en ĝi. Ĝi de multaj jaroj staras malfermita, post kiam Ukrainio sendependiĝis, la loĝdistrikto estis transdonita al la municipo. Sed multaj loĝantoj plu havas proksimajn ligojn al la armeo. Ĝis marto, ĉefe al la ukrainia armeo, ĉar la flugbazo estis ukrainia. Nun en Krimeo restas neniuj ukrainiaj militistoj, kaj multaj el tiuj, kiuj antaŭe laboris ĉe la ukrainia armeo, dungiĝis ĉe la rusia. Ili ja ĉiuj subite estas rusiaj civitanoj.

Jam krepuskas, kaj la malnova sovetia atak-aviadilo Mig-19, kiu staras sur honora piedestalo ĉe la enveturejo, minace siluetas kontraŭ la ĉielo kun siaj subflugilaj misiloj. Ĉi tiun tipon de aviadiloj oni komencis fabriki en la mezo de la 1950-aj jaroj, ĝi estis uzita de la nordvjetnamia flanko en la vjetnamia milito, kaj plu estas uzata de la nordkoreia aerarmeo.

La domoj ĉi tie estas la ordinaraj kvinetaĝaj sovetiaj kestoj el grizaj betonaj blokoj, sed kiam ni fine trovas la ĝustan el la identaj kestegoj, ni eniras hejmece aranĝitan apartamenton, kie oni kreis lokon por agrabla manĝoangulo kaj granda, moderna kuirejo, enkonstruante la balkonon kiel parton de la salono.

Ĉi tie loĝas Anna kaj Leonid. Ŝi estas lektoro pri kemio en la Universitato de Nuklea Energio, kiu same situas ĉi tie sur la norda flanko de la golfo. Li estas inĝeniero kaj iama aviadila mekanikisto, sed nun li laboras pri la teknika prizorgo de la instrua reaktoro en la sama universitato. Ĉi tie ĝis nun estis edukitaj ĉiuj nukleaj teknikistoj de Ukrainio – pli ol du trionoj el la studentoj estis senditaj ĉi tien de nukleaj elektrejoj en Ukrainio. Nun multaj el ili veturis hejmen. Kie Ukrainio estonte havigos specialistojn por siaj kvar funkciantaj nukleaj elektrejoj kaj la enfermita ruino en Ĉernobil, ne klaras.

Diference de multaj aliaj sebastopolanoj kiujn mi renkontis, Anna kaj Leonid ne sonas same histerie patriote kiel la novaĵlegistoj en la rusia televido. Ili ambaŭ origine venas el Rusio, sed loĝas en Sebastopolo de multaj jardekoj. En la sovetia tempo estis vera bonŝanco por militisto kiel Leonid ricevi laboron en Sebastopolo.

– Unue oni sendis min al iu provinca urbaĉo en la distrikto de Odeso. Sed tie mi hazarde renkontis kolegon, kiu finis la saman universitaton kiel mi. Li promesis helpi min pri transiro al iu loko kun pli da karieraj ebloj. Kaj jen kien ni trafis.

Translokiĝi al Sebastopolo en la sovetia tempo estis enorma afero, diras Anna:

– Estis preskaŭ kiel gajni en loterio. Tiutempe oni devis havi kontaktojn sur vere alta nivelo por veni al la sudo, kaj al la maro. Sed tiel iĝis por ni, tio estis vere nekredebla.

Leonid origine estis spertulo pri aŭtomata pilotado, sed plu studis, kaj fine ekhavis la ĉefan respondecon pri la armiloj de la aviadiloj en Belbek.

– Mi servis en la ukrainia flugarmeo. Aŭ unue en la sovetia, kompreneble, kaj ekde 1992 en la ukrainia, ĝis 2005, kiam mi pensiiĝis. Multo ŝanĝiĝis, kiam Sovetio ĉesis ekzisti. La jarojn post 1992 Leonid plu memoras kun teruro.

– Tiam vere estis aĉaj tempoj, kaj ne nur por ni en la armeo, sed por la tuta popolo. Ne estis mono, ĉio daŭre ŝanĝiĝadis, estis amaso da problemoj. Komence ni havis absolute nenion. La sola kion ni povis fari estis klopodi konservi tion kio restis, tiel ke ĝi ne estu ŝtelita. Sed fine, la lastajn jarojn en la ukrainia flugarmeo, tiam ili sukcesis iom aranĝi la aferojn. La salajroj iom pliboniĝis, ni ne plu estis tute malriĉegaj. Kaj denove estis mono por aĉeti almenaŭ la plej necesajn aĵojn por la armeo.

En la sovetia tempo la pilotoj laŭnorme devis flugi kvin tagojn en la semajno. Sed komence de la 1990-aj jaroj la aviadiloj ĉiam malpli ofte leviĝis en la aeron, memoras, Anna.

– Jen ili ne havis karburaĵon, jen io alia mankis. Fine ili tute ne flugis, la pilotoj nur sidis sur la tero. Kaj kiam ili dum longa tempo ne flugis, ili jam eĉ ne rajtis, ĉar ili perdis la rutinon.

Leonid kapjesas.

– Tio estis en 1996–98. Terura tempo. Sed post la jarmilŝanĝo jam iĝis pli bone. Cetere, ĉu vi scias, kial tiel multaj iris voĉdoni por Janukoviĉ, kiam li devis iĝi prezidento? Tio estis, ĉar aferoj pliboniĝis dum lia periodo kiel ĉefministro 2002–2004. Dum tiu tempo la militistoj ricevis pli bonajn salajrojn. Antaŭe oni pagis ridinde malmulte, 500 hrivnojn. Subite ni ricevis la trioblon. Kompreneble oni tiam rektigis la dorson, oni povis aĉeti ion krom la plej nepraj necesaĵoj, florojn por la edzino ekzemple. Do ja estis nature, ke ni ligis la pliboniĝon de la vivnivelo kun Janukoviĉ. Sed jen ni malpravis.

– Aŭ tamen ne, kontraŭdiras Anna. Sed kiam oni vidas, kiel iĝis en la kazerno lastatempe, oni povas ja kompreni, ke ili ne plu havis monon entute. Dank' al dio ili transdonis la loĝdistrikton al la municipo, tiel ke iu respondecas pri la riparoj. Antaŭe ĉi tio estis fermita militista distrikto, kun gardisto ĉe la pordego kaj tiel plu. Sed nun ni jure ne plu loĝas en la kazerna distrikto, ni apartenas al la urbo Sebastopolo. La militistoj havas siajn ejojn ĉi tie apude, sed ni jam ne multe rilatas kun ili, do ni eĉ ne estis tie por vidi la sturmadon, ni nur aŭdis pri ĝi.

La hejmo de Anna kaj Leonid situas tuj apud la kazerno de la flugbazo Belbek, kie la ukrainiaj militistoj dum tri semajnoj rifuzis kapitulaci. La estro de la bazo, Juli Mamĉur, famiĝis, kiam li la 4-an de marto kun siaj senarmilaj soldatoj marŝis kontraŭ la peze armitaj rusiaj trupoj, kiuj regis parton de la bazo. La ukrainiaj soldatoj kantis la nacian himnon de Ukrainio. La flago de Ukrainio kaj la ruĝa standardo de la flugtaĉmento, konservita de la dua mondmilito, estis portataj plej antaŭe. La situacio estis minaca, la rusiaj soldatoj unue pafis avertajn kuglojn en la aeron, kaj poste minacis pafi kontraŭ la gamboj de la ukrainianoj, se tiuj ne haltos.

La viro kiu portis la ruĝan standardon tiam provis apelacii al io, kio estis sankta por ambaŭ flankoj:

– Ĉi tio estas sovetia standardo. Ĉu vi pafos? li kriis.

Fine la konfronto estis solvita pace, kaj la ukrainianoj restis en la ejo pliajn du semajnojn. Belbek estis la lasta ukrainia bazo en Krimeo, kiu estis devigita kapitulaci, nur post kiam la rusiaj trupoj la 22-an de marto forportis la komandanton perforte. La 10-an de novembro la nacia heroo Mamĉur estis elektita ano de la ukrainia parlamento.

Nek Anna nek Leonid aŭdis la avertajn pafojn, sed poste multaj el la najbaroj manifestaciis ekster la kazerno, diras Anna. Subtene por kiu flanko, mi demandas.

– Ili volis, ke la viroj de Mamĉur jam finu hontigi la standardon de la flugtaĉmento. Ĉio ĉirkaŭe ja jam estis rusia. Mamĉur kaj liaj uloj rifuzis kapitulaci, sed ili ja ne povis fari ion ajn, ĉiuj stokejoj de la bazo estis sigelitaj, kaj jen ili tamen umadis. Ĉiuj pensiitaj militistoj, kiuj loĝas ĉi tie, estis malkontentaj, kaj aliaj najbaroj, ĉiuj ja estis por Rusio, sed Mamĉur plu baraktis.

Kiam mi demandas al Anna, ĉu ŝi vidis la manifestacion proksime, ŝi ridas.

– Kompreneble jes, mi ja partoprenis!

Pri tio, kio okazis en la bazo, ŝi aŭdis de sia bofilino, kiu laboris tie, unue ĉe la ukrainia armeo, poste ĉe la rusia, Anna rakontas.

– Ŝi venis hejmen kaj rakontis, ke tie aperis tiaj... tre ĝentilaj viroj, en uniformo sed sen armiloj, kaj diris, ke ili povas iri hejmen. Kaj ili aranĝis ke ĉiuj kirasŝrankoj kaj armilstokejoj estis sigelitaj, kaj ĉiuj dokumentoj enŝlositaj, tiel ke ĉio estu en ordo. Ŝi ne sciis, ĉu iri al la laboro la sekvan tagon, sed ŝi decidis fari tion por la certeco. Do ŝi prenis la aŭton kaj veturis tien, kiel kutime. La pordego estis fermita, kaj ŝi signalis. Tiam elvenis aliaj, ne ukrainiaj militistoj. Tiuj en sensignaj uniformoj. Ili demendis, ĉu vere ŝi bezonas enveturi tien. Tiam ŝi reve-

turis hejmen. Poste ŝi anoncis sin ĉe la stabejo kaj rapide denove rice-
vis dungon, nun jam ĉe la rusia armeo.

En la referendumo estis memklare por ĉiuj loĝantoj de la kazerna
loĝdistrikto iri voĉdoni por Rusio, Anna diras.

– En la ukrainia televido oni asertas, ke oni armilminace devigis
nin, sed tio estas stultaĵo. Neniuj armiloj videblis, estis vera popola
festo, ĉiuj ridetis, mi kredas ke eĉ la plej profundaj malamikoj en tiu
tago parolis unu kun la alia. Kaj estis tute nekredeble multaj homoj.

La etoso dum la referendumo memorigis pri la unua granda mani-
festacio en la centro de Sebastopolo la 23-an de februaro.

– Mi tiam hazarde estis en la centro, do kompreneble mi iris al la
manifestacio. Kaj min frapis tiu sento de unueco. Ni ĉiuj estis tie. Estis
tute plenŝtopite, ne estis loko en la busoj, oni devis marŝi. Mi ne vidis
anoncojn pri la afero, do mi unue miris, kien ĉiuj survojas. Eble en la
centro estis iaj afiŝoj, sed ni ja loĝas iom flanke ĉi tie sur la alia flanko
de la golfo.

Efektive ne multo ŝanĝiĝis en Sebastopolo post la anekso. Plej mal-
trankviligas la milito en orienta Ukrainio, diras Anna.

– Ankaŭ ni akceptis ĉi tie rifuĝintojn, estis kuracista familio el
Luhansk, ili loĝis en nia somerdometo dum iom da tempo, do ni ja
aŭdis, kio okazadas tie. Sed ili reveturis. Ilia apartamento en Luhansk
nun estas duone detruita, la balkono disfalis, sed ili havas parencojn
en la kamparo tie.

En sia somerdometo Anna kaj Leonid havas satelitan antenon, do
tie ili povas vidi ukrainiajn kanalojn, kiuj ne plu videblas en la aparta-
mento, ĉar ili estis forigitaj el la kablotelevida reto. Estas bone povi iom
sekvi ankaŭ tion, kion diras la ukrainiaj novaĵoj, opinias Leonid.

– Ni klopodas kompari. Kion diras la propagando ĉi tie, kaj la pro-
pagando tie. Ĉar milito ĉiam temas antaŭ ĉio pri propagando. Unu
flanko volas pruvi ke ĝi pravas, kaj la alia flanko, ke ĉio estas male. Ni
iom fidas unu flankon, iom la alian, sed centprocente ni fidas neniun.
Do ni provas trovi la veron ie meze. Sed antaŭ ĉio ni volas ke ili ĉesu
pafi, tiel ke homoj ne mortu. Finu tiun ĉi militon, tiel ke infanoj ne mor-
tadu, ke homoj ne perdu siajn hejmojn. Tio plej gravas.

Sed en Sebastopolo la situacio estas trankvila, kaj la vivo ja iom pli-
boniĝis post la rusia anekso.

– Mi mem ja evidente kontentas, mia enspezo kvarobliĝis, ĉar mi
krom salajro havas ankaŭ pension, kaj ĝi estis multe altigita, diras
Leonid.

Anna ne scias precize, kiel multe ŝia salajro altiĝos, la altigoj okazas laŭŝtupe, kaj la sekva nun estas atendata. Sed jam nun la familio povis ŝpari iom da mono, kaj krome Anna aĉetis la altan kuirejan ŝrankon, kiun ŝi longe deziris. La blankajn bretojn ŝi plenigis per nova servico kun lavend-ornamaĵoj – kaj kelkaj vazoj kun sekigita lavendo.

Multaj eble esperis pri pli grandaj kaj rapidaj ŝanĝoj, sed tiel subite ne okazas aferoj, diras Leonid.

– Mi mem estas iom skeptikema, kaj mi ne kredas ke tre multe ŝanĝiĝos dum la sekva jaro. Temas pri transira periodo, tion ne eblas eviti. Sed ni ja tamen esperas, ke oni denove funkciigos iujn grandajn sovetiajn fabrikojn. Tio estas la atendo. Tio estus bona por la sebastopolanoj.

Eble tamen oni finfine sopiradis al Sovetio, ne al Rusio, Anna poste diras.

– Ni ja ne vere multon sciis pri la hodiaŭa Rusio, ni ja loĝis en alia lando dum 23 jaroj. Por ni Rusio iel estis la memoro pri Sovetio. Ni pensis, ke ni ricevos tion.

Leonid samopinias.

– Kaj ne temas nur pri ni du. Verŝajne estis tiel por la tuta Sebastopolo, oni faris ligon inter Rusio kaj la malnova lando, Sovetio. Se ni nur venos al Rusio, tiam ni ricevos la iaman bonan epokon. Certe multaj pensas tiel.

❖

# La historio nin absolvos

La hotelo en kiu mi tranoktos situas sur la norda flanko de Sebasto-
polo, ne tro distance de la aviada bazo Belbek, sed vere ne facilas trovi
la vojon en la mallumo – la hotelo kaŝiĝas malantaŭ konstrueja barilo
kaj al ĝi gvidas nur mallarĝa, neebena aŭtospuro. La vidaĵon de la maro
mi malkovras nur matene, kiam mi eliras sur la balkonon. La Nigra
Maro brilas blue malantaŭ la arbopintoj kaj pli aĝa betona, kvaretaĝa
konstruaĵo. Mi mem loĝas en granda, novkonstruita hotela komplekso,
kiu konsistas el duopo da longaj domoj kaj kelkaj brile blankaj trieta-
ĝaj dometoj, kiuj ŝajnas ĉiuj komplete neuzataj. La sezono jam pasis,
kvankam ni estas nur en la tria semajno de septembro. La hotelo ne
akceptas kreditkartojn, kaj vespere eĉ ne havis redonmonon. Kiam la
junulo el la akceptejo frapas la pordon kaj anoncas ke la taksio alvenis,
li daŭre ne havas la redonmonon kun si. Fine mi ricevas mian monon,
sed ne kvitancon.

La taksiŝoforo estas iom aĝa, nekomunikema viro, kiu respondas
per unuopaj silaboj, kiam mi demandas, kio fakte ŝanĝiĝis post la aliĝo
al Rusio. La turistoj malaperis, li fine diras. Ilia nombro duoniĝis, kaj
venas homoj nur el Rusio, tio estas lia prijuĝo de la ĉi-jara bansezono.
Sed io ja certe pliboniĝis, mi provas sondi, oni diras ke homoj gajnas
pli? Kaj malpli kosta benzino certe estas bona afero por taksiistoj?

– Oni multe babilis pri tio, ke la benzino iĝos malmultekosta, kiel
en Rusio. Sed la prezo apenaŭ ŝanĝiĝis, diras la ŝoforo, kaj denove
mutiĝas.

Ege entuziasma pri la anekso li ne ŝajnas. La norda aŭtobusa sta-
cio montriĝas situi ĉe la maro, nur iom pli ol kilometron de la malplena
hotelo, do la babilado kun la silentema ŝoforo rapide finiĝas.

– Ne, ĝis Ĉernomorskoje ne estas rekta aŭtobuso pli frue ol en la
posttagmezo, diras la virino en la biletgiĉeto. Sed vi povas ŝanĝi en
Jevpatorija, tien ekos buso je la naŭa kaj duono.

Ŝi vendas al mi bileton ĝis Jevpatorija, en la okcidenta bordo de Krimeo, kaj plian bileton el Jevpatorija ĝis la eta libertempa urbo Ĉernomorskoje plej fore en la nordokcidento, sur la bela, roka duoninsulo Tarĥankut. La norda aŭtobusa stacio situas tuj apud la varfo kiun uzas la pasaĝera pramo al la centro de Sebastopolo, aliflanke de la golfo. Estas bela dimanĉa mateno, kaj kiam mi gvatas la buŝon de la golfo mi ekvidas dekon da velboatoj survoji al la malferma Nigra Maro. Duonplena pramo kun la nomo Merkurij alvarfiĝas kaj la pasaĝeroj el la urbocentro surbordiĝas. Sur la varfo troviĝas ankaŭ la kafejo Starducks, eble la sola en la mondo. La budeto kun siaj altaj seĝoj havas ŝildon ege similan al tiu de la usona kafeja ĉeno Starbucks, kun la verda ringo kaj la du steloj. Sed la marvirineton en la mezo anstataŭas anasido. Amerikano, ordinara 30 rubloj, granda 45 rubloj, estas skribite plej supre sur la menuo.

Nemalproksime de Starducks mi trovas plian pruvon pri la populareco de usonaj bongustaĵoj en Sebastopolo: malgranda tujmanĝa kiosko, kiu kopiis la ukrainan sloganon de McDonald's: *Ja ce ljublju*, estas skribite apud la logotipo – granda flava litero W sur ruĝa fono. La kopia WacDonald's ne malaperis, kvankam la originalo en la centro de Sebastopolo estis fermita post la anekso.

Apud la kiosko staras ekstreme bone restaŭrita Volga M-21, la klasika sovetia luks-aŭto el la fino de la 1950-aj jaroj, fabrikita ĝis 1970. La griza aŭto kun la brilaj, kromiitaj partoj kaj blua tegmento kun blankaj detaloj povus veni rekte el sovetia filmo de la 1960-aj jaroj, mankas nur la taksia ŝildo. Sed mi devas kontentiĝi per alia veturilo, la anguleca, blanka, violstria buseto de la marko Etalon el la aŭtofabriko en Borispil tuj ekster Kievo. La buso pleniĝas, laste eniras juna viro en rusia polica uniformo kun saketo sub la brako.

La vojo norden estas multe pli skua ol estis la bonstata marborda vojo ĝis Sebastopolo. Foje la malgranda buso devas kroze rampi inter la truegoj en la vojo, kaj la vojaĝo al Ĉernomorskoje daŭras pli ol kvar horojn, kvankam la distanco estas nur cent okdek kilometroj. En la aŭtobusa stacio min atendas Ĵenja, esperantisto kaj entreprenisto el Kievo. Li investis iom da mono en turista ripozejo ĉi tie ĉe la Nigra Maro. La loko estas perfekta ekzemple por submaraj ekspedicioj. Sed nun Ĉernomorskoje subite situas en okupita teritorio, aŭ en alia lando, depende de tio, kiun oni demandas. Ne plu estas facile veturi ĉi tien, nek por ĵenja mem nek por liaj feriaj gastoj, do ĉi-somere la ripozejo ĉefe staris neuzata. Kaj ĉar la jura statuso de Krimeo restas neklara, ankaŭ ne eblas vendi aŭ aĉeti nemoveblaĵojn tie en maniero kiu kontentigus kaj la rusiajn kaj la ukrainiajn aŭtoritatojn.

– Precipe tiu, kiu nun aĉetas nemoveblaĵon en Krimeo, prenas riskon. Ĉar se Krimeo reirus sub ukrainian potencon, la aĉetinto povus perdi la nemoveblaĵon. Ke tio povus okazi eble ne ŝajnas ege kredebla ĝuste nun, sed oni neniam diru neniam.

Ni parkumas proksime al stranga preĝejo de la 19-a jarcento, kies kvarangula sonorilturo igas la konstruaĵon aspekti iel svage brita. La konstruiginto estis filo de la rusia ambasadoro en Londono kaj ŝatis ĉion britan. Dum la krimea milito en la 1850-aj jaroj la turo estis trafita de kanonkuglo pafita de la otomana floto. Post la revolucio la preĝejo estis fermita kaj longe uzata kiel stokejo. En la komenco de la 1980-aj jaroj ĝi estis transformita al sporthalo de la loka sporta lernejo. Nun ĝi denove estas ortodoksa preĝejo.

Mi eniras la vilaĝan butikon por aĉeti ŝampuon kaj paperajn naztukojn, sed trovas nek unu nek la alian. Ĝi estas ja manĝaĵvendejo, ne apoteko. La butiko kaj la senhoma centra strato kun siaj malmultaj komercaj konstruaĵoj sukcese redonas la etoson de rusia provinco en la 1990-aj jaroj. La frizejo de Jelena krom hartondado por viroj kaj virinoj proponas ankaŭ manikuron. La apuda pordo apartenas al la loka oficejo de la kooperativa asocio, kaj sur la balkono pendas granda reklamŝildo de la partio Patriotoj de Rusio, malpli sukcesa konkuranto de la tiel nomata Liberaldemokratia partio de Vladimir Ĵirinovskij.

Kontraŭ la frizejo kaj Patriotoj de Rusio troviĝas la urba muzeo, kie unu el la dungitoj volonte faras por mi rapidan gvidadon tra la historio de Ĉernomorskoje, ekde la praaj grekoj kiuj fondis la urbon en la 4-a jarcento antaŭ nia epoko ĝis la surmara naftoproduktado, kiu estis komencita en la sovetia epoko kaj plu daŭras. Granda pentraĵo, kiu montras la festadon en Sebastopolo post la rekapto de la urbo okupita de germanoj dum la dua mondmilito, kovras tutan muron en unu el la salonoj – sed nenie aperas informo pri la deportado de la krimeaj tataroj en 1944. La gvidisto same diras nenion pri tio, kial la vilaĝo kiu almenaŭ ekde la 18-a jarcento estis nomata Aqmeçit, Blanka Moskeo, subite post la dua mondmilito ricevis la sovetiecan nomon Ĉernomorskoje, Nigramarvilaĝo. Estas tuta ĉambro kun krime-tataraj aĵoj kaj vestoj, kaj plia kun objektoj kiuj montras la ligon de la regiono kun Ukrainio, sed ĉi tie la gvidisto restas malmultvorta.

Post la ĉirkaŭrigardo la ĉefo de la muzeo, Zinaida, proponas teon kaj kuketojn. Ja ne ĉiutage oni ricevas viziton de eksterlanda ĵurnalisto. Ĝenerale ne estas multaj vizitantoj lastatempe.

– Sed vi ja mem vidas, ke estas tute trankvile ĉi tie. Oni disvastigas strangajn famojn, ke malplenus la butikaj bretoj, kaj estus soldatoj sur la stratoj ĉi tie. Sed tio ja ne estas vera.

Pli malfrue en la posttagmezo mi renkontas Adile, krime-tataran instruiston pri historio. Ŝi tute ne surpriziĝas, kiam mi rakontas, ke mi en la muzeo de Ĉernomorskoje nenion eksciis pri la deportado de la tataroj.

– Tio povas esti neatendita nur por eksterulo. Por ni, kiuj loĝas ĉi tie, tio estas tute ordinara kaj komprenebla.

Estas pli facile silenti pri malagrablaj aferoj, ŝi diras – tiam oni ne bezonas pensi pri ili. Sed foje tamen oni fine ne eltenas, kaj ĝuste tio okazis en Kievo ĉirkaŭ la jarŝanĝo.

– La popolo simple laciĝis pri la koruptado kaj ĉiuj aliaj kontraŭleĝaĵoj kiujn la potenculoj faris. Kiam la prezidento fuĝis, ni komprenis, ke en Ukrainio okazos ŝanĝoj. Sed ni ja ne atendis ĉi tiajn ŝanĝojn.

Adile estas la sola krimea tataro en sia laborejo, kaj aliaj tie tute ne konsentas kun ŝi.

– Multaj diris, ke tiuj kiuj manifestacias en Kievo estas aĉetitaj de EU aŭ de Usono, ke la okcidento nur volas havi la naturajn riĉaĵojn de Ukrainio, ke Ukrainio iĝos rubdeponejo por la okcidento. Ni ofte kverelis pri tio, sed fine ni decidis ne plu diskuti la temon en la laborejo, ĉar tio neniam finiĝis.

– Krome mi eksentis, ke eble ne estas tute sendanĝere malferme paroli pri tio, kion mi opinias, ke tio povus esti riska por mi mem aŭ miaj infanoj. Tial mi lasis tiujn ideologiajn disputojn, mi ne plu provas konvinki iun ajn. Mi decidis atendi kaj vidi kio okazos. Eble mi estas tro malforta, eble estas nekuraĝe silenti, sed... mi fakte timas.

Ankaŭ inter la amikoj ne ĉiuj komprenis la kritikan sintenon de Adile al la ”reunuiĝo”. Multaj revis pri la iama ora epoko, ŝi diras.

– Tion mi povas kompreni, eĉ se mi ne konsentas. Multaj sentas nostalgion, ili sopiras reen al Sovetio. Kaj dum la sovetia tempo multaj el Rusio translokiĝis ĉi tien por labori. Ili havas radikojn en Rusio, ili sopi-

ras al sia hejmlando. Psikologie estas tute kompreneble ke ili do klopo-
das pravigi ĉion, kion faras Rusio, kion faras la nuna prezidento de Rusio.

Mi rakontas pri Anna kaj Leonid en Sebastopolo, kiuj diris, ke ili ne
vere scias multon pri la hodiaŭa Rusio, ke Rusio por ili estas preskaŭ la
sama kiel Sovetio. Adile pripenseme kapjesas.

– Mi kredas ke tiel pensas tre multaj. Ke ni devas loĝi en enorma
lando, en granda superpotenco, ke ni ĉiuj devas esti kune, ke Ukrai-
nio vere estas Rusio, ke tia lando kiel Ukrainio entute ne ekzistu. Kaj ja
veras ke rusoj kaj ukrainoj historie havas multon komunan. Sed Ukrai-
nio estas suverena ŝtato. Multaj volas reen al Sovetio, aŭ reen al Rusio,
al siaj hejmregionoj. Sed ili ne pakas siajn valizojn por veturi al Rusio.
Ili volas, ke Rusio venu ĉi tien.

Estas malfacile diri, kiom da homoj efektive subtenas la anekson,
opinias Adile. Unue ŝi kredis, ke preskaŭ ĉiuj estas por ĝi, sed kiam ŝi
parolis kun siaj amikoj kaj konatoj private, ŝi komprenis, ke relative
multaj sin tenas kritike. Eble ne duono, sed tamen relative multaj, ŝi
nun kredas.

– Mi havas amikojn en Sebastopolo, kiu ja estas ege ruspatriota
urbo. Dum la sovetia tempo oni multe emfazis, ke Sebastopolo estas
la urbo de la rusa honoro, tie troviĝas multaj muzeoj pri diversaj mili-
toj, ili havas la festivalon de la rusia floto kaj ĉion tian. Kompreneble tio
influas la homojn kiuj loĝas en tiu medio. Sed el miaj kvar amikoj en
Sebastopolo tri ne aprobas la anekson aŭ tion kion Putin nun faras en
orienta Ukrainio. Ili pensas memstare, eble ĝuste tial ni siatempe ami-
kiĝis. Ili estas etne rusoj, sed ili kapablas vidi la tuton el pli granda per-
spektivo. Sed ili kompreneble ne kuraĝas malferme diri, kion ili opi-
nias, ankaŭ ili timas.

Adile mem ne partoprenis la referendumon, kvankam multaj ami-
koj kaj laborkamaradoj provis mobilizi ŝin.

– Ili telefonadis al mi kaj provis agiti, vi devas veni, ili diris. Iru
mem, mi diris, tiu estos la lasta referendumo en via vivo, poste neniam
plu estos demokratio aŭ veraj elektoj. Tion mi opiniis. Sed foje mi dubis.
Mi pensis, ke eble malpravas mi. Estas malfacile, kiam oni venas al la
laborejo, kaj ĉiuj tie opinias same, krom mi do. Eble ili pravas, eble vere
faŝistoj kaptis la potencon en Ukrainio? Mi ne vere certis kion pensi. Ne
antaŭ ol mi vidis kiel la prezidento de Rusio unue diris, ke tute ne estis
rusiaj trupoj en Krimeo, kaj poste disdonis belajn medalojn al tiuj sol-
datoj. Tiam mi komprenis, ke ili simple mensogadas.

Kvankam ŝi ne vere volis tion, Adile sentis ke ŝi devas iĝi rusia civitano. Aliokaze ŝi ne plu povus labori ene de la publika sektoro. Kaj ŝi eĉ havigis al si rusian poŝtelefonan numeron, kvankam ŝi ne emis, ŝi diras.

– Mia edzo daŭre ne faris tion, li plu havas sian ukrainian numeron. Sed mi devis, mi ja ne povas fari kostegajn eksterlandajn vokojn al miaj laborejaj kolegoj. Fakte mi tamen plu havas ankaŭ la ukrainian numeron, ĝin mi uzas kiam mi telefonas al mia edzo. Tiel faras nemalmultaj.

Adile plu havas espereton, ke Rusio eble tamen iam estos devigita redoni Krimeon al Ukrainio. Ja ne eblas antaŭvidi, kio povas okazi en la historio. Sed vere ja ne devus tiom gravi por la krimeaj tataroj, ĉu Krimeo apartenas al Rusio aŭ Ukrainio, ŝi rezonas.

– Por la plej multaj el ni tamen ĝuste Krimeo estas nia hejmlando, ne Ukrainio aŭ Rusio. Sendepende de tio ĉu Krimeo apartenas al Ĉinio aŭ Ukrainio, Rusio aŭ Usono, mi kredas ke la krimeaj tataroj unuavice ĉiam sentos proksiman ligon al Krimeo. Sed la deportado en 1944 estas vivanta memoro por tre multaj, kaj ĝi ligiĝas kun la totalisma, komunisma sistemo en Sovetio. Tial niaj gvidantoj, Mustafa Cemilev kaj aliaj, elektis demokratian, eŭropan vojon, ili volas ke la socio evoluu en tiu direkto. Ĉar ĉia diktaturo estas danĝera, tion ni klopodas instrui ankaŭ al niaj infanoj.

Ne nur tiuj, kiuj nostalgias pri Sovetio, vidas similecojn inter Sovetio kaj la hodiaŭa Rusio, tion faras ankaŭ multaj krimeaj tataroj, diras Adile. Sed ili rigardas la aferon el alia angulo – ili ligas la regantojn en Moskvo kun la deportado en 1944.

– Fakte Rusio ja ne distanciĝis ege multe de Sovetio. Mankas opozicio, oni ne rajtas esprimi kontraŭan opinion. Ĝi ne estas demokratia lando. Sufiĉas rigardi la rusiajn lernolibrojn, kiujn ricevis mia filino, kiam ŝi ekstudis en la dua klaso. En la unua klaso ŝi havis ukrainiajn lernolibrojn, ili estis tute aliaj, sed ĉi tiuj rusiaj libroj estas preskaŭ identaj kun tiuj, kiujn mi havis dum mia lerneja tempo. Ili uzas la samajn tekstojn, instruas la samajn fabelojn, samajn rakontojn kiel en la sovetia tempo. Eble mi ne havis sufiĉe da tempo por profundiĝi en ĉi tion, sed mi tamen ekhavas la senton, ke Rusio kaj Sovetio estas preskaŭ la sama afero.

Sed tamen ne. Nun en Rusio estas popularaj la potencaj caroj, carinoj, kaj la konstruado de imperio, ŝi poste diras, kaj rakontas pri konferenco en Sankt-Peterburgo, kiun ŝi partoprenis antaŭ kelkaj jaroj.

– Mi estis tie unuafoje, kaj mi tre esperis aŭdi ankaŭ pri la revolucio, pri la strikoj kiujn organizis Lenino, kaj pri tio, kiel homoj vivis dum la blokado de Leningrado. Sed precize same kiel vi ne aŭdis ion pri la krimeaj tataroj hodiaŭ en la muzeo, kvazaŭ tiu historio neniam okazis, same mi dum la semajno en Sankt-Peterburgo aŭdis nur rakontojn pri carismo... Katarina la Granda, Petro la Granda, Maria Fjodorovna, pri belaj baloj, pri princoj kaj nobeluloj. Neniu diris ion ajn pri la ĉifonvestitaj kamparanoj, kiujn oni devigis konstrui la urbon, aŭ pri ĉiuj, kiuj mortis dum la blokado. La sola historio en Rusio estas tiu pri la grandaj estroj, pri la luksa vivo de la caroj, ili rakontas nenion pri tio, kiel vivis la ordinaraj homoj. Do mi ja estis sufiĉe konfuzita kiam mi revenis. Estis tre bele en Sankt-Peterburgo, sed mi ekmaltrankvilis pri la evoluo de Rusio, ĉar la kulturo politiko de lando diras multon pri tio, kien survojas la socio.

Ankaŭ Ukrainio ne sufiĉe progresis foren de la sovetia socio dum la dudek jaroj kiuj pasis post la disfalo de la imperio, diras Adile.

– En la ukrainiaj kulturpolitiko kaj instruado de historio same estis ia unuokuleco. Sed mi esperis ke nun okazos ŝanĝo, ke la popolo fine maturiĝis. Ĉar dum la tuta sendependeco Ukrainio ja fakte estis kondukata de Rusio.

Tamen Jurij, kiun mi intervjuis en Sebastopolo, havis komplete malan opinion – ke Ukrainio daŭre kulpigis Rusion pri ĉiuj siaj problemoj, kaj samtempe renversis ĉion en la lernolibroj de historio, tiel ke la grandaj rusaj herooj subite iĝis ukrainoj, mi diras.

– Nu jes, sed tio ja rilatas, oni faras la saman aferon, nur male. Tio ja ne estas pli bona, ankaŭ tio estas propagando. Se iu estis aĉulo kaj ukraina naciisto en la sovetiaj lernolibroj, do nun la kontraŭsovetia aĉulo devis iĝi kontraŭsovetia heroo. Se en la sovetiaj lernolibroj la ukrainaj kozakoj estis aĉuloj, ĉar ili ne volis subiĝi al Katarina la Granda, nun ili subite iĝis herooj de la batalo por sendependeco kaj fondintoj de la ukrainia ŝtato.

En Rusio oni kiel dirite faras la malon. En sia ĉiujara parolado al ambaŭ ĉambroj de la parlamento en decembro 2014 Vladimir Putin donis freŝan ekzemplon pri la nuna rusia sinteno al historio, kiam li rakontis pri la "reunuiĝo" de Krimeo kun Rusio:

– Por nia lando, por nia popolo ĉi tiu okazaĵo havas specialan signifon. Pro tio ke en Krimeo vivas niaj homoj, kaj la teritorio en si mem estas strategie grava, pro tio ke ĝuste ĉi tie situas la spirita fonto de la formiĝo de la multfaceta sed monolita rusa nacio kaj la centrigita Rusia ŝtato. Ĉar ĝuste ĉi tie, en Krimeo, en la praa Ĥersonesos, aŭ kiel nomis ĝin la rusaj kronikistoj, en Korsun, akceptis la bapton princo Vladimir, kaj poste la tuta Rusjo.

Nun ja ne tute klaras, ĉu Vladimir la Sankta efektive baptigis sin en Krimeo fine de la 980-aj jaroj, aŭ ĉu la bapto eble okazis en lia rego-urbo Kievo. Ankaŭ ne ŝajnas multe gravi, ke Vladimir la Sankta ŝajne murdigis la geprincojn de Korsun kaj devigis ilian filinon edziniĝi al lia satrapo. Laŭ la legendo li krome mem seksperfortis la filinon antaŭ la gepatroj. Sed tiun parton de la rakonto ne menciis en sia parolado la nuntempa samnomulo de Vladimir la Sankta. Li daŭrigis altafluge:

– Ĝuste sur ĉi tiu spirita fundamento niaj prauloj unuafoje kaj por ĉiam ekkonsciis pri sia unueco kiel popolo. Kaj tio donas al ni ĉiujn argumentojn por diri, ke por Rusio Krimeo, la pratempa Korsun, Ĥer-sonesos, Sebastopolo, ili havas enorman civilizan kaj sakralan signifon. Same kiel la Templa Monto en Jerusalemo por la konfesantoj de islamo aŭ judismo. Kaj ĝuste tiel ni nin tenos al ĉi tio ekde nun kaj por ĉiam.

La rakonto de Putin pri Sebastopolo kiel la rusa ekvivalento de Jerusalemo estas tute nova – la rusortodoksa eklezio neniam konside-ris Krimeon aŭ Sebastopolon aparte sankta loko. Sed nun ĉi tiu rakonto estas uzata por plue legitimi la rusian anekson de Krimeo, samkiel la batalo de la ukrainaj kozakoj kontraŭ rusaj caroj en Ukrainio estas uzata kiel atesto pri la profundaj radikoj de la ukrainia ŝtato.

Evidente multaj sentas misorientiĝon, kiam la rakonto subite estas renversita kompare kun tio, kion ili mem iam studis en la lernejo – kaj evidente ankaŭ en la unuaj ukrainiaj lernolibroj de historio estis mul-taj strangaĵoj, diras Adile.

– Mi memoras, kiam mi studis la duan jaron en la universitato kaj devis staĝi en lernejo. En la lernolibro de la kvina klaso estis skri-bita multego pri ĉiuj aĉaj eksterlandanoj kiuj batalis kontraŭ la ukrai-naj kozakoj. Unue estis peco pri polaj nobeluloj kiuj batalis kontraŭ la kozakoj kaj torturis ilin. Jes ja, okazis amaso da maljustaĵoj dum la his-torio, sed kvinaklasanoj eble ne nepre bezonas lerni ĉion pri tio, kiel poloj torturis ukrainojn. Kaj poste estis peco pri la rusa cara regno, kiu same batalis kontraŭ la kozakoj. Kaj tria peco pri la batalo de la kozakoj kontraŭ la Otomana regno. Se mi ĝuste memoras, tie estis io pri sultano kiu eltranĉis kaj manĝis la koron de kozakestro por ricevi lian forton. Ne ŝajnas tre saĝe, ke kvinaklasanoj legu tiaĵojn kaj lernu malami siajn najbarojn. Sed mi diru ke mi iĝis ĝoja, kiam tiu lernolibro rapide estis ŝanĝita al alia, ĉar do evidente ne nur mi opiniis ĝin malbona.

Tamen ne la propagando en la lernolibroj estas la ĉefa problemo nun, sed tiu en la televido. Nek tio kion montras la rusia televido nek tio kion montras la ukrainia kontribuas al fortigo de la amikeco inter la landoj, diras Adile. Ŝi antaŭe spektis ambaŭ, nun nek nek.

– Mi ne plu havas fortojn. Mi nur malbone fartas se mi faras tion. Sed mi ja spektas nian krime-tataran kanalon ATR, mi eĉ iĝis akciulo. Ili havis kampanjon, ili volas igi ĝin kanalo posedata de la spektantoj. Ankaŭ ili ja iĝis tre atentemaj pri tio, kion ili povas diri, sed mi opinias, ke ene de la permesitaj limoj ili bone laboras.

Post momento mi denove sidas en la aŭto de Ĵenja. Apud la rapidum-stango, inter la sidlokoj, kuŝas granda, fingrumita kajero kun la titolo ”Trafikreguloj de la Rusia Federacio 2014, kun la novaj punpagoj”. Nun validas ĉi tie la rusiaj reguloj.

Ni veturas laŭ malebena, serpentuma vojeto; subite la Nigra Maro, kiu tute ne estas nigra, sed profunde blua, aperas inter blage luksaj vilaoj el brikoj kaj betono. Kelkaj el la vilaoj havas altajn, rondajn turojn, kvazaŭ kopiitajn el kasteloj de la malfrua mezepoko. Sur unu tegmento flirtas negranda flago de Rusio, la unua, kiun mi vidas en Ĉernomorskoje.

– Certe estas iu, kiu volas aspekti patriote, iu, kiu eble timas, ke oni aliokaze ekinteresiĝos pri la deveno de lia mono, diras Ĵenja, kaj ridetas oblikve.

Li mem havas tri flagstangojn ĉe sia turista ripozejo, unu por la flago de Ukrainio, unu por la flago de Krimeo, kaj unu por la Esperantoflago. Ĉi tie okazis pluraj internaciaj esperantistaj renkontiĝoj. Ankaŭ ĉi-somere devus okazi internacia junulara renkontiĝo, sed la solaj eksterlandaj gastoj kiuj kuraĝis veni estis kelkaj rusianoj. Nun videblas neniu flago kaj la loĝoĉambretoj estas malplenaj. La flagon de Ukrainio Ĵenja formetis, estas neniu ideo provi hisi ĝin post la anekso.

– Absolute ne. Ne nur ke iu povus koleriĝi, fari tion estus konkrete danĝere.

Ĵenja malfermas por mi loĝoĉambron, enŝaltas la varman akvon, kaj kontrolas, ke la neuzitaj akvotuboj ne rustblokiĝis. Mi decidas trempi min en la Nigra Maro. Tio ja devas aparteni al ĉirkaŭveturo de Krimeo, eĉ se jam estas la mezo de septembro kaj subite eĉ ne plu ege varme, nek sur la tero nek enakve.

La bordo estas roka, sed laŭ ŝtupareto mi sukcesas atingi la akvon. La multaj meduzoj kaŭzas ke la naĝado iĝas eĉ malpli longa ol ĝi aliokaze povus esti. Poste mi promenas laŭ la kruta kalkoŝtona bordo. En la foro videblas du surmaraj gasplatformoj. Ilin nun alproprigis la rusia ŝtato, samkiel ĉiujn deponaĵojn de gaso kaj nafto en la proksimo de Krimeo. Ĉe la horizonto, eĉ pli distance ol la platformoj, videblas la silueto de kargoŝipo kiu ŝajnas sekvi kurson al Odeso. La havenurbo plu apartenas al Ukrainio, ne nur jure sed ankaŭ fakte.

Malfrue en la vespero mi estas invitita por manĝo ĉe Sergej, pensiulo el Donecko en orienta Ukrainio. Li kaj lia edzino volis pasigi siajn maljunajn jarojn ĉe la maro. Nun ilia ankoraŭ ne komplete finkonstruita, trietaĝa vilao, kelkcent metrojn de la maro, subite staras en Rusio. Ne tiel ili planis la aferon. Kaj krome en Donecko estas milito. Nenio iĝas kiel oni planis, diras Sergej, kaj metas manĝon sur mian teleron. Li kradrostis ŝafidaĵon, kaj post kelkaj tostoj kun belorusia luksa vodko, memoraĵo de pli bonaj tempoj, Sergej iĝas pli babilema.

Ne, vere ne ĉi tiel ili planis siajn pensiulajn tagojn. Nun li eĉ iĝis civitano de Rusio, kiu povis imagi? Ĉar rifuzi ja ne eblus, tiam la vilaĝanoj iĝus suspektemaj.

– Mi eĉ iris voĉdoni en tiu loka elekto, tiel ke neniu suspektu min pro ukrainiemo. Sed por Unueca Rusio mi ne volis voĉdoni, sur ilia listo estis homoj, pri kiuj mi neniam aŭdis. Mi anstataŭe voĉdonis por Patriotoj de Rusio, tie estis iuj konataj nomoj. Sed el ili neniu estis elektita, kaj mi bone scias kial. Mi konas iujn en la elektokomisiono. Ili ricevis de supre klarajn instrukciojn pri tio, kia estu la rezulto, diras Sergej.

Ja ne unuafoje oni fuŝas en la elektoj ĉi tie, li poste aldonas, ja estis homoj kiuj faris suspektindaĵojn ankaŭ dum la ukrainia tempo. Sed tio kio nun okazas, sub la rusia rego, estas multe pli malbona.

– Estas terure, ĉi tio estas totalisma ŝtato, kie oni ne kuraĝas diri, kion oni opinias, ĉar tiam oni ekhavos problemojn. Speciale mi, ĉar mi venas de la ĉeftero, kaj multaj atentas pri mi.

Sergej parolis ruse dum sia tuta vivo, kaj la babiloj pri tio, ke Rusio devis defendi la ruslingvanojn en Krimeo ne konvinkas lin. Li prefere sentas sin pli minacata nun.

La domo ĉe la maro estis lia revo kiam li laboris kiel ekonomia administranto en la nun militdetruita mineja urbo Donecko, revo, kiun dividis ankaŭ lia edzino.

– Iu alia eble ne eltenus la penson translokiĝi ĉi tien, malproksimen de la civilizo, sed ŝi tute konsentis. Kaj ni konstruis la domon. Sed poste Rusio venis ĉi tien. Vere ni preferus reiri al Ukrainio nun, sed tio ja ne eblas. La domo staras ĉi tie, kaj vendi ĝin ne eblas. Eĉ ne ekzistas valida registro de nemoveblaĵoj, ĉio estas tute malcerta. Kio ajn povas okazi. Sergej regalas nin per ankoraŭ glaseto, kaj iĝas sentimentala. Lia patro mortis en la aĝo de 71 jaroj. Ĝis tiam restas nur kvin jaroj por li mem. Ĉu ĉi tio estas la vivo?

– Ni nun estas tute fortranĉitaj de la familio en Ukrainio. Ili ne volas veni ĉi tien, homoj suspekteme rigardas al ili. Kaj ja ne vere estas feria etoso nun. Ĉio ĉi estas tute fremda al mi, ne ĉi tiel mi volis aranĝi la aferojn. Sed kion mi faru?

Ni drinkas la lastajn gutojn el la brandobotelo sur la balkono kaj rigardas la stelojn, kiuj nun briletas super la jam tute nigra maro.

❖

# La malpermesitaj vortoj

La novaĵ-studio estas fakte multe malpli granda ol ĝi ŝajnas sur la tele-vid-ekrano. En la apuda kontrolejo du viroj sidas ĉe la butonaro. En alia studio estas registrata infanprogramo en la krime-tatara. Transe de la koridoro, malantaŭ vitra muro, sidas la novaĵredakcio.

La redakcio de la televida kompanio ATR troviĝas sur la supra etaĝo de granda oficeja konstruaĵo rande de Simferopolo. La domo apartenas al aŭtobusa firmao, kies proprietulo Lenur Islamov pose-das ankaŭ la televidkompanion. Ĉi tie multaj krimeaj tataroj kolektiĝis komence de marto, kiam disvastiĝis famoj, ke ATR estos la sekva tele-vidkanalo kiun transprenos la novaj potenculoj, direktataj el Kremlo. Ĝis nun la kanalo ne estis rekte transprenita, sed ja devigita al strikta memcenzuro. La vortoj okupado kaj anekso estas forstrekitaj, kaj tiuj gvidantoj de Meclis, kies enveturo al Krimeo estas malpermesita, ne plu aperas sur la ekrano.

Min akceptas Şevket Memetov, la estro de la tatarlingva novaĵre-dakcio. Li proponas teon ĉe la granda tablo de la kunsida ĉambro, sed komence havas skeptikan sintenon. Kion mi efektive scias pri Kri-meo? Ĉu mi scias, kion trasuferis lia popolo? Ĉu estas kompreno por tio en Eŭropo? Sed post lekcieto pri la krimeaj tataroj li fine konsen-tas rakonti, kio okazas pri la televidkanalo. Plej gravas ricevi la rusian elsendpermeson, li diras.

– Sendepende de tio, ĉu ni volas aŭ ne, ni nun devas funkcii kadre de la rusiaj leĝoj. Tio signifas, ke ni devas peti novajn permesojn por surteraj kaj satelitaj elsendoj. Ni nun kolektas la bezonatajn dokumen-tojn, ni devas ricevi aprobon por nia elsendoplano, kaj prezenti nian informan politikon.

Şevket Memetov zorge elektas siajn vortojn, kiam mi demandas, ĉu la rusia anekso alportis limigojn por la laboro de la kanalo.

– Mi ne povas diri, ke temus pri malpermesoj. Sed ni devas adaptiĝi al la regantaj cirkonstancoj, ni devas kiel dirite ricevi la rusian elsendpermeson. Kaj por ricevi ĝin, ni agordas niajn elsendojn laŭe. Ni malpliigas la parton kiu temis pri Ukrainio aŭ estis en la ukraina. Nun ni havas unu ukrainlingvan novaĵelsendon tage, sed tre multajn programojn en la rusa, kaj kompreneble en la krime-tatara. Ni malpliigis la proporcion de aktualaĵoj kaj pliigis tiun de kulturaj programoj, elsendoj pri nia hejma regiono.

La redakcio ricevis kelkajn rekomendojn de la rusiaj aŭtoritatoj, kiam temas pri la prilumado de okazaĵoj rilataj al Meclis kaj aliaj krime-tataraj aŭ religiaj organizaĵoj, diras Şevket Memetov.

– Ni laŭeble sekvas la postulojn, sed samtempe ni volas prilumi la problemojn kiel eble detale.

Eĉ se ne nepre estas multaj klare esprimitaj malpermesoj, ĉiuj amaskomunikiloj en Krimeo iĝis multe pli atentemaj.

– Tiel ja evidente estas. Tion ni sentas. Tio eĉ sentiĝas en la aero. Ni estas tre zorgemaj. Ni ne spiras tiel libere. Sed ni faras ĉion por povi plu dissendi, eĉ se tio estas malfacila. Foje ni devas alĝustigi nian fokuson aŭ ŝanĝi la perspektivon, ni eble ne povas uzi certajn vortojn, kaj tiel plu.

La celo estas trovi vojon, kiu estas akceptebla kaj por la ĵurnalistoj de la kanalo kaj por la novaj aŭtoritatoj, diras Şevket Memetov.

– Mi ne povas diri, ke ni jam trovis la vojon. Ni plu serĉas. Ni serĉas akcepteblajn kompromisojn, ni serĉas strategion, kiu ebligos al ni plu ekzisti, por ke la krime-tatara popolo povu aŭdi nian voĉon ankaŭ estonte. Nia popolo havas nenian alian televidan kanalon, tial ni devas resti. Tial iujn aferojn ni ne eldiras plene. Sed mi kredas ke niaj spektantoj komprenas nin, ili komprenas kial ni devas agi tiel. Kaj ni faras ĉion, por ke homoj komprenu ke ni ne povas diri ĉion.

Sed kiajn instrukciojn la kanalo do ricevas de la novaj potenculoj? Şevket Memetov pripensas antaŭ ol respondi.

– Ili eble diras, ke ĝuste tiun aferon vi prefere ne montru, aŭ vi prefere klarigu ĝin ĉi tiel... Ekzemple la lastatempaj traserĉadoj, ne diru ke estas traserĉadoj, diru, ke estas kontroloj. Tiaj aferoj. Kaj se ni raportas pri traserĉadoj de hejmoj do ni eble diras "kontrolo" almenaŭ unufoje, tiel ke ni povu montri ke ni ja uzis la vorton.

Kiel vi do ricevas ĉi tiujn rekomendojn, ĉu iu telefonas, ĉu iu venas viziti?

– Varias. Venas telefonvokoj, foje iu venas viziti kaj diras ke estas pli bone se ni ne diras tion aŭ jenon, se ni ne faras tion aŭ jenon, se ni ne eldiras ĝuste tiun vorton. Tiel funkcias.

Sed kiun reprezentas tiuj, kiuj transdonas la rekomendojn?

– Tion mi ne vere scias, de kie ili venas, ĉu estas FSB aŭ iu alia instanco. Sed tiel statas la afero.

FSB estas la rusia sekurservo – la posteulo de KGB. Ĝia ĉefo estis Vladimir Putin antaŭ ol li iĝis ĉefministro kaj tuj poste prezidento.

La tagon antaŭ mia vizito oni raportis pri iaspeca traserĉado ankaŭ ĉe ATR. Aŭ kontrolo, tiu ja evidente estas la ĝusta vorto. Kia kontrolo estis tio, mi demandas.

– Oficiale ĉe ni estis nenia kontrolo. Ŝajne okazis kontrolo ĉe la aŭtobusa firmao, kiu same troviĝas en ĉi tiu konstruaĵo. Sed tio estas ja kiel se mi venus hejmen al vi kaj petus vin enlasi min. Poste mi jam mem povas uzi la okazon kaj kontroli ankaŭ, kion vi havas en la fridujo.

Eĉ se ĝis nun mankas konkretaj minacoj kontraŭ ATR, la tuta situacio estas minaca. Samtempe la novaj aŭtoritatoj ja volas, ke la krimeaj tataroj apogu ilin, diras Şevket Memetov.

Sed kiel ni povus apogi ilin, kiam oni faras traserĉadojn hejme ĉe ni, kiel mi povus fari tion? Aŭdu, iru jam voĉdoni, ili diras al mi. Sed kiel mi povus voĉdoni, se por mi ne estas kandidato? Por kiu mi voĉdonu? Miaj fratoj mankas sur la listo, tie estas neniu, kiu povus defendi miajn interesojn, kiel mi do povus voĉdoni?

La evoluo en Krimeo daŭre estas nekomprenebla, ne eblas scii, kiel la afero aspektos post nur iom da tempo, diras Şevket Memetov.

– Kiam mi matene veturas al la laboro mi havas nenian ideon pri tio, kio okazos morgaŭ aŭ post horo. La situacio estas neklara. Ĉi tio tute ne estas, kion ni atendis, ni prefere kredis, ke la novaj potenculoj faros ĉion por gajni la lojalecon de la krimeaj tataroj. Por atingi tion, ili devintus lasi iom da spaco por manovrado, sed tion ili ne faris. Ili kutimas fari ĉion perforte.

Facilas por la rusianoj regi Krimeon sen atento al la tataroj, ĉar preskaŭ ĉiuj aliaj apogas la anekson, opinias Şevket Memetov.

– Ege multaj el la loĝantoj ĉi tie de ĉiam opinias, ke Krimeo devas esti rusia. Mi kredas, ke nun 80 procentoj opinias tion. Nun preskaŭ nur tataroj defendas la interesojn de Ukrainio en Krimeo. La ukrainoj mem malaperis de ĉi tie. Sed la grava afero efektive devus esti ne tio, ĉu Krimeo apartenas al Rusio aŭ Ukrainio. Gravas, ke la krimeaj tataroj povu senti sin hejme ĉi tie, ke ili povu mem decidi pri siaj aferoj ĉi tie, ke ili havu estontecon ĉi tie. Kaj nun ne estas tiel.

Maleblas diri, ĉu Şevket Memetov pravas pri tio, ke 80 procentoj el la loĝantoj de Krimeo kontentas pri la anekso. Sed ja evidentas, ke nur eta minoritato el la krimeanoj nun malferme kritikas la anekson. Tiuj, kiuj ne kontentas, tamen silentiĝis aŭ sordinas sian kritikon, precize kiel devas fari la televidkanalo de Şevket Memetov. Estas pli sekure tiel.

La sekvan tagon mi renkontas Arsen, unu el la malmultaj lokaj ĵurnalistoj, kiuj sekvis la traserĉadon de la krime-tatara Meclis. Li plu uzas ukrainian telefonnumeron – klara signo pri lia propra sinteno. Nun ni interkonsentis pri renkontiĝo en kafejo apud la sigelita domo de Meclis.

Arsen pli frue laboris en la loka, krimea redakcio de la ukrainia, ruslingva, tutlanda gazeto *Segodnja*. Tiu redakcio ne plu ekzistas, nek la loka eldono.

– Estis ukrainia gazeto, por plu aperi ĝi devus havigi al si rusian eldonpermeson ĉi tie. Kaj la posedantoj ne opiniis ke havus sencon eĉ provi. La gazeto ja estas ukrainia, kun ukrainia direktiĝo, sed nun la aferoj ĉi tie serioze ŝanĝiĝis. Sed ni ja daŭrigis kun la sama enhavo dum la gazeto plu aperadis. Ni ricevis multajn plendajn telefonvokojn de legantoj. Sed aliaj telefonis kaj dankis – vi estas la sola restanta ukrainia gazeto, ili diris. Kaj verŝajne ja ĝuste ni estis la lastaj, kiuj fermis la butikon.

La plej granda gazeto de Rusio, *Komsomolskaja Pravda*, havas apartajn eldonojn en pluraj eksaj sovetaj respublikoj, ankaŭ en Ukrainio. La enhavo similas al okcidentaj bulvardaj gazetoj, kaj la rusia versio impresas kiel megafono de Kremlo. Sed por ne perdi siajn legantojn la ukrainia eldono tamen devas sin teni iomete pli neŭtrale, kiam Rusio kaj Ukrainio konfliktas. Pli frue la legantoj en Krimeo ricevis la ukrainian eldonon, nun la rusian, kun kelkaj lokaj paĝoj, diras Arsen.

– Eble ne estis enorma diferenco inter la gazetoj eĉ pli frue, sed estas evidente ke la enhavo ĉi tie nun iĝis eĉ pli rusiema, tion ja volas la estroj.

Lokaj gazetoj aŭ ŝanĝis la direktiĝon aŭ ĉesis aperi, kaj multaj ĵurnalistoj forlasis Krimeon, li rakontas.

– Jes, multaj forveturis, tiuj kiuj perdis la postenon, kiuj ne eltenas, ke la libereco de esprimado estas limigata. Ĉiuj gazetoj, kiuj aperas ĉi tie, ja nun ĝustigis sian redakcian linion tiel, ke ĝi akordiĝu kun la rusia regado. Se oni ne sentas, ke oni kapablas fari tion, kien oni do veturu? Al Ukrainio. Ĉiuj faras la saman konkludon, kaj tien ĉiuj veturas.

Nun en la lokaj amaskomunikiloj videblas nur unu perspektivo. Ne tiel estis antaŭe, eĉ se la plej multaj gazetoj kaj televidkanaloj ja havis ligojn kun diversaj politikaj aŭ ekonomiaj potenculoj.

– Tamen estis diversaj opinioj. Ĉiam iu kritikis la potenculojn, kaj iu alia laŭdis ilin. Estis ia ekvilibro, eĉ se temis pri tio, ke al unu flanko oni pagis pro kritikado kaj al la alia por laŭdi la potenculojn.

La privata televidkanalo ĈTRK, aŭ Ĉernomorka, kiel oni kutimis nomi ĝin, estis unu el la amaskomunikiloj, kiuj konsekvence kritikis la potenculojn. La potencon havis la Partio de la Regionoj, kaj Ĉernomorka apartenis al entreprenisto kun ligoj al la opozicia partio Batki-vŝĉina, Patrolando.

– Oni ja ne vere povas diri, ke tia televidkanalo estas objektiva, se ili unue opinias, ke ĉio estas bonega, kiam la potencon havas ilia partio, kaj poste kritikas ĉion, kiam la potencon havas la Partio de la Regionoj. Ĝi estis opozicia televidkanalo, ne sendependa kanalo. Sed ĉiuokaze estis loko por alia perspektivo tie. Kaj ankaŭ ĝi estis fermita. Precize kiel la ukrainiaj kanaloj, kiuj sendas el Kievo. Unue ili fermis kvar kanalojn, poste kelkajn pliajn, kaj baldaŭ restis nenio por spekti, nur rusiaj kanaloj.

Arsen mem nun laboras ĉe la moskva gazeto *Moskovskij Komsomolec*, kiu ne estas komplete fidela al la kremla linio. Tie eblas verki iom pli libere ol en la lokaj, obeemaj gazetoj, li diras. La gazeto havas krimean aldonon, kiu aperas unufoje semajne kun ok loke produktitaj paĝoj, la cetera enhavo venas el Moskvo.

– Tie povas aperi tre diversaj artikoloj, sur la sama paĝo povas esti teksto kiu laŭdas Putin kaj nefermita letero kiu postulas, ke la amas-komunikiloj ĉesu mensogi pri la milito en Ukrainio. Ili publikigas ĉion, kion eblas publikigi. Oni povas opinii kion oni volas pri tio, sed ili alme-naŭ provas sekvi la bazajn ĵurnalismajn regulojn. Se ni verkas pri kon-flikto, ni ĉiam lasu ambaŭ flankojn doni sian version, ni ne misfamigu iun, ni celu al objektiveco. Tio estas bona.

Sed eĉ *Moskovskij Komsomolec* havas siajn limojn. La vorto "aneks-ado" kutime ne trairas la kontrolon.

– Ni en la redakcio ja havas iom diversajn opiniojn pri la tuta afero, kaj ni laŭe elektas niajn vortojn. Sed se mi skribas "aneksado", do la vorto malaperas. Anstataŭ ĝi aperas "aliĝo" aŭ "rekuniĝo", ridas Arsen.

La krime-tatara televidkanalo ATR en la komenco kutimis paroli pri aneksado, okupado kaj konkero, li memoras.

– Poste ili subite ĉesigis tion. Ili eksciis, ke ili ne rajtos plu funkcii, se ili uzos tiajn vortojn, se ili havos tiun perspektivon pri la novaĵoj. Por ĵurnalistoj ĉio ŝanĝiĝis en Krimeo. Sed ne por ordinaraj homoj, diras Arsen.

– Por la plej multaj nenio ŝanĝiĝis. La dungitoj en la publika sektoro nun pli bone statas, almenaŭ multaj el ili. Por entreprenistoj estas male. Multaj fermis siajn entreprenojn aŭ lasas ilin ripozi, atendante ke la situacio klariĝu. Ege multaj aferoj ĉi tie ja estis dependaj de la kontaktoj kun Ukrainio, de la turistoj el Ukrainio. Ĉi-somere ne estis multaj turistoj, kaj tio nun havos sekvojn, tiuj kiuj ne enspezis devas ŝpari monon. Tio komprenendeble influos la tutan ekonomion.

La manko de turistoj ne estas la sola afero kiu zorgigas entreprenistojn en Krimeo. Laŭ la unuaj informoj de la justicministerio en Ukrainio, la posedaĵoj de proksimume kvar mil entreprenoj kaj organizaĵoj en Krimeo estis konfiskitaj ĝis novembro 2014. En kelkaj kazoj temis pri ukrainiaj ŝtataj posedaĵoj, kiuj estis "naciigitaj" de la nova registaro de Krimeo. Al tiuj apartenas ekzemple la granda sanatorio, pri kiu rakontis Svetlana en Jalto, aŭ la ŝtata ukrainia naft- kaj gasentrepreno Ĉornomornaftohaz kun siaj gasrezervoj kaj infrastrukturo. Sed ankaŭ tute ordinaraj privataj entreprenoj estis simple transprenitaj pere de armitaj viroj. Ne utilis turni sin al la polico aŭ la kortumoj.

– Ĝenerale oni povas diri, ke la ŝanĝoj ne estas tre bonaj por aktivaj, sendependaj homoj. Por tiuj, kiuj estas dependaj de la ŝtato, la aferoj ĝuste nun aspektas bone, eble antaŭ ĉio por la pensiuloj. Ĉi tie estas multaj pensiuloj, kaj ili estas kontentaj, diras Arsen.

Diference de Şevket Memetov, Arsen ne estas konvinkita ke granda majoritato de la krimeanoj ĝojas pri la anekso. Sed lin surprizas, ke multaj ukrainiaj patriotoj subite komplete ŝanĝiĝis kaj iĝis rusiaj patriotoj. Ili simple ŝanĝis flankon al la gajninto, diras Arsen.

– Estis tiom enormaj, subitaj ŝanĝoj en la opinioj de homoj, ke tio estas komplete nekomprenebla. Mi havas amikon, kiun mi konas sufiĉe bone. Kun li estis agrable interrilati, kaj li ĉiam estis por Ukrainio, tio estis grava por li. Kaj subite, kiam okazis ĉio ĉi, jen li tostas kun ĉampano kaj huraas por la rusianoj. Mi ne kapablas kunmeti tiujn du aferojn en mia kapo. Kaj ja ne estis nur li, ege multaj ŝanĝis sian vidpunkton. Kelkaj faris tion pro rezignacio, aliaj eble ĉar Ukrainio ne defendis nin. Montriĝis, ke ni ne havis veran caron, venis alia caro, kiu estis pli forta, kaj do li estas prava. Okazis io en la subkonscio de la homoj. Ili simple volis iĝi amikoj de la fortulo. Kaj se okazus io, kio denove igus Ukrainion aspekti pli forta, ili ŝanĝus flankon denove. Temas pri ia pratempa sinkonserva instinkto.

La rakonto pri la amiko de Arsen memorigas min pri la superentuziasma subtenanto de Putin en la universitato, Tatjana Fominiĥ. Ŝi ja tute ne estis tia pli frue, laŭ unu el la kolegoj, ŝi estis tute ordinara, lojala ukrainia ŝtata oficisto. Sed subite ŝi ŝanĝiĝis.

Ni pagas por la teo kaj promenas tra la parko direkte al la fervoja stacidomo. Ĉe oficeja konstruaĵo kvindeko de mezaĝaj kaj pli aĝaj viroj kaj virinoj staras en longa vico. La oficejo apartenas al la ukrainia nacia telekomunika entrepreno.

– Ili volas pagi siajn telefonfakturojn. La fiksa telefona reto daŭre estas ukrainia, ĝi estas ligita al la ukrainia reto. Sed ne ege multaj plu havas fiksan telefonon hejme. Ekzemple mi ne havas, diras Arsen.

Sed tiuj, kiuj plu havas hejman telefonon, devas vicostrari ekster la oficejo. Alia maniero pagi la fakturon al la ukrainia entrepreno ne plu ekzistas.

Arsen devos labori, kaj ni ĝisas. Estas mia lasta tago en Simferopolo, do mi kaptas la okazon ĉirkaŭpromeni en la pelmela centro, antaŭ ol reveturi al la betona antaŭurbo, kie mi loĝas. La plej multaj konstruaĵoj ĉe la flankaj stratoj en la ĉefurbo de Krimeo estas malnovaj, eluzitaj, kaj maksimume duetaĝaj. La elektrodratoj en la malnovaj partoj de la urbo ne estas kaŝitaj sub la tero, kaj jen kaj jen ili ŝajnas iom kadukaj. Ĉe unu stratangulo de supre aŭdiĝas susura sono kaj poste kelkaj eksplodetoj en la transformilo inter la branĉoj de du sovaĝe kreskantaj arboj tuj apud la elektrofosto. La piedirantoj maltrankvile rigardas supren kaj vaste ĉirkaŭiras la foston. Sed la eksplodoj ĉesas, kaj fumo ne videblas.

”Ĝentilaj advokatoj – juristoj el Rusio je via servo”, estas skribite sur ŝildo ekster advokata kontoro en flanka strato. Ĝentileco estas aktuala vorto en Krimeo ekde kiam la ĝentilaj verduloj aperis en februaro. La ĝentila advokatejo promesas helpon pri registrado de entreprenoj kaj pri vendo kaj aĉeto de nemoveblaĵoj laŭ la rusia leĝo. Tiajn aĉetojn kompreneble ne rekonas la ukrainiaj aŭtoritatoj, sed dum ĉi tie regas Moskvo, tute ne gravas, kion opinias la aŭtoritatoj en Kievo.

Kelkcent metrojn de la ĝentilaj advokatoj mi trovas zorge renovi-gitan, pale flavan domon de la 19-a jarcento, kun bele forĝitaj kradoj antaŭ la teretaĝaj fenestroj. Rusia trikolora flago en tute nova stang-ingo beligas la fasadon. Tuj videblas, ke la homoj, kiuj havis la taskon meti novajn flagojn sur oficialaj konstruaĵoj havis multe por fari – la ingo havas kvar truojn por ŝrauboj, sed estas fiksita sur la muro per nur du ŝrauboj, en la supra maldekstra kaj suba dekstra anguloj. Sub la stangingo videblas malplena kvarangula spaco – supozeble tie antaŭe situis la ukrainlingva ŝildo. La ruslingva ŝildo estas ŝanĝita al nova: "La Ministerio de Justico de la Rusia Federacio – ĉefa administracio en Res-publiko Krimeo kaj Sebastopolo".

Sur la tegmento de kolbasbutiko apud la fervoja stacio mi fine tro-vas dulingvan ŝildon: "Krimeanoj estas kun Rusio", estas skribite en la rusa. Kaj en la angla. Tion mi ja vidis, kiam mi survojis al Jalto, sed tiam mi ne pensis pri la lingvoelekto. La ŝildo havas la kolorojn de la rusia flago kaj montras la silueton de la duoninsulo, kiun kovras la rusia ŝtata blazono, la dukapa aglo. La duobla aglo estas origine bizanca imperiestra simbolo, kies du kapoj laŭdire celas reprezenti la poten-con en la oriento kaj en la okcidento, kaj kiel tian ĝin en la 15-a jarcento transprenis la rusia caro Ivano la tria, la avo de Ivano la Terura.

Post kelkaj semajnoj, kiam mi jam troviĝas hejme en Svedio, la granda ŝildo sur la tegmento de la kolbasvendejo ricevas akompanon: apud ĝi aperas alia, samformata ŝildo, kun la flago de la tiel nomata "Nov-Rusio" kaj la teksto "Honoron al la defendantoj de Nov-Rusio". La flago estas tre simila al tiu de la iam ribelaj sudaj ŝtatoj de Usono, man-kas nur la steloj. La teksto temas pri la ribeluloj en orienta Ukrainio – la malnovan vorton elarkivigis Vladimir Putin mem en aprilo 2014, kiam li dum sia tre atendita kaj atentata gazetara konferenco ekparolis pri Nov-Rusio kaj asertis ke la tuta nuna suda kaj orienta Ukrainio historie tute ne apartenas al Ukrainio.

Post ankoraŭ kelkaj semajnoj, fine de oktobro, neatendite malape-ras la dulingva ŝildo "Krimeanoj estas kun Rusio".

"Krimeanoj ne plu estas kun Rusio", iĝis tiam la ironia titolo de blogaĵo, kiun mia amiko Paŭlo verkis pri la malaperinta ŝildo. Li sci-volis, ĉu la ŝildon forŝiris la aŭtunaj ŝtormoj. Lia titolo rapide allogis arojn da kremlemaj komentistoj kiuj en 1 143 koleraj replikoj klarigis, ke krimeanoj ja daŭre estas kun Rusio, kaj ke tiuj kiuj volas al EU rajtas komplete libere purigi necesejojn en Pollando.

Multaj el la komentoj estis tute sensencaj, sen ajna ligo kun la ŝerca enhavo de la blogaĵo, kaj skribitaj de retanoj kun tute freŝaj kontoj en la blogejo Livejournal, daŭre tre populara en Rusio. Tio indikas, ke la komentojn verkis salajratoj, kies laboro estas en la reto subteni la linion de la rusia pinta gvidantaro. Sed tiuokaze ili ne estas aparte kompetentaj pri sia laboro, opinias Paŭlo.

– La plej amuza afero estas, ke tiuj stultuloj eĉ ne komprenas, ke verkante sian komenton ili fakte nur popularigas la blogaĵon kaj helpas al ĝia apero en la popularec-listo. Tial la blogaĵo troviĝis sur la unua loko de la listo, videbla al ĉiu ajn vizitanto de la ĉefpaĝo, dum kelkaj horoj. Jen ekzemplo de segado de la branĉo, sur kiu oni sidas.

Eĉ pli amuze iĝis post kelkaj semajnoj, kiam en la loko de la malaperinta rusia trikoloro aperis nova ŝildo: reklamo por rusia majonezo. Sur la foto la rusia aktoro Miĥail Poreĉenkov manĝas barĉon kun majonezo kaj aspektas kontenta. Li iĝis populara, kiam li aktoris agenton de la sekurservo FSB en televidserio, sed vere fama li iĝis fine de oktobro 2014, kiam li vizitis la ribelulajn regionojn en orienta Ukrainio, interalie la blokitan flughavenon en Donecko. Antaŭ la televidaj kameraoj, en kuglorezista veŝto kaj kasko kun la teksto "PRESS", li per granda mitralo pafis verajn kuglojn kontraŭ pozicioj de la ukrainiaj registaraj trupoj en la flughavena teritorio.

Kaj nun li do reklamas acidkreman majonezon de la marko Rjaba ĉe la fervoja stacio en Simferopolo, apud la ŝildo "Honoron al la defendantoj de Nov-Rusio". Patriotaj ŝildoj ja eĉ pli gravas ol pano, diris la parlamentestro Vladimir Konstantinov, kiam li kun akompano de blovorkestro ordonis al la gru-ŝoforo levi la unuan rusan stratŝildon sur ties lokon. Sed majonezo kompreneble estas tute alia afero.

Multaj rusoj volas ke estu majonezo en ĉio. La kutimo ŝajnas restaĵo de la sovetia tempo, kiam la ŝtataj manĝejoj uzis sitelegojn da majonezo por kovri la nefreŝan guston de malbonkvalitaj ingrediencoj. Nun multaj memoras nur la bonan sovetian majonezon, ne kial ĝi estis bezonata tiel grandkvante.

Mi veturas per la buseto al la betona geto ĉe strato Kecskemét kaj vizitas la vinbutikon transe de la strato por aĉeti ion por preni hejmen. La vendejo iom surprize troviĝas en sama ejo kun entrepreno, kiu vendas rezervajn partojn por aŭtoj, sed ĝi havas bonan elekton de krimeaj vinoj. Multaj el la boteloj plu estas markitaj per la malnovaj, ukrainiaj impoststigeloj. Sed se mi ja volas ion tre altkvalitan, pli bone estas

aĉeti ion eksterlandan, diras la vendisto. Ŝi ŝajne ne tute bone kompre-
nas, ke mi serĉas suveniron. Mi prenas du boteletojn da seka ŝaŭmvino
el Inkerman, kie la defendantoj de Sebastopolo sin kaŝis en la grotoj.
Sed iasence ja ankaŭ ĝi estas eksterlanda produkto. La firmao Inker-
man International AB estas registrita en Solna apud Stokholmo, kaj en
2010 la finnlanda familia entrepreno Hartwall aĉetis 40 procentojn de
la akcioj. Poste oni faris grandajn investojn en la entrepreno, kiu ĝis la
anekso estis la plej granda vinproduktanto en Ukrainio. Nun la eston-
teco estas malcerta, kaj dum la sezono de 2014 nur la duono de la pro-
duktokapablo de la fabriko estis uzata. La situacio estas tikla, kaj kiam
la plej granda gazeto de Finnlando, Helsingin Sanomat, en decembro
2014 kontaktis la posedanton, neniu ĉe Hartwall volis ajnamaniere
komenti la anekson.

Mia flugo ekos nur longe post la noktomezo, kaj mi decidas iom
ripozi en la apartamenteto, ja restas multe da tempo. Sed precize antaŭ
ol mi je la deka intencas voki taksion, la unua aŭtuna ŝtormo eksplode-
gas. Subite estas malfacile atingi la taksiajn firmaojn, kaj la ŝoforo kiu
fine konsentas veturigi min postulas duoblan pagon.

La horizontala pluvego vipas la aŭton, kaj kiam ni atingas la flug-
havenon, mi ekscias, ke mia malmultekosta flugo al Moskvo, kiu devis
eki ĉirkaŭ la dua nokte, malfruos almenaŭ du horojn. Vere mi ja volas al
Kievo, sed ĉar la ligoj kun la mondo ekster Rusio estas tranĉitaj, nece-
sos kromvojo.

La elvetura halo estas plena de krimeaj tataroj, kiuj veturos al
Mekko. Ili ĉiuj ricevis valizetojn, kiuj estas ornamitaj per la rusia triko-
lora flago kaj la pale blua krime-tatara. La grupestro estas intervjuata
antaŭ du televidkameraoj – ĉiuj ja devas ekscii, ke la tataroj ne estas
subpremataj dum la rusia regado, sed rajtas libere praktiki sian reli-
gion kaj pilgrimi. Tial la islamanoj el Krimeo ricevis parton el la lokoj
en la rusia pilgrima kvoto kontraŭ tre favora prezo. Sed rekta flugo al
Saud-Arabio ne eblas, de ĉi tie oni povas flugi nur en unu direkton.

Mi sidiĝas en la atendejo apud virino en matura meza aĝo, kiu ŝaj-
nas sidi tie delonge. Ŝi havas apud si sur la planko grandan sakon da
juglandoj. Unu post la alia ŝi rompas la nuksojn, metas la enhavon en
travideblan plastan sakon kiun ŝi havas en la sino, kaj forĵetas la ŝelon.

– La nuksoj malmultekostas en Krimeo, sed ili prenas multe da
loko, ŝi diras, kiam ŝi rimarkas ke mi rigardas ŝian okupiĝon.

Montriĝas, ke ŝi venas el norda Siberio, kaj vizitis Krimeon por partopreni klasrenkontiĝon. Unuafoje ŝi flugis tiel distancen. Eksterlande ŝi neniam estis, kaj ŝi apenaŭ veturus al Krimeo, se ĝi ne estus nun rusia. En Ukrainio ŝajnas tiel danĝere, diras Tamara – tiu estas ŝia nomo.

Kvar horoj ja estas nenio, ŝi diras, kiam mi rakontas, ke mia aviadilo malfruas kaj ekos nur iam post la kvara horo matene.

– Mi devas sidi ĉi tie tutan tagnokton, kaj poste preskaŭ same longe kiam mi ŝanĝos aviadilon.

Tamara naskiĝis kaj kreskis en la sovetia Centra Azio. Ŝia familio forlasis la regionon post la disfalo de Sovetio, samkiel ege multaj aliaj rusoj. Nun ŝi laboras kiel flegistino.

– En la sovetia tempo tio estis industria urbo, la urbo en kiu ni loĝis, sed nun ĉio tie estas morta, ĉio estis fermita kaj ĉiuj forlasis la urbon.

Sekve la klaskamaradoj ne rerenkontiĝis, antaŭ ol unu el ili, loĝanto de Krimeo, invitis al kunveno. Kaj ne ege multaj venis, nur manpleno el tiu sesdeko, kiu abiturientiĝis samtempe kun Tamara fine de la 1970-aj jaroj.

– Ĉiuj ja ne povis veni. Kaj multaj ne plu vivas, precipe el la knaboj.

Sed la vojaĝo al Krimeo impresis ŝin. Antaŭ ĉio ŝi estas preskaŭ infanece imponita de la altaj glitejoj en la akvoparko ĉe la maro.

– Ĉu vi provis tion? Tion vi devas fari, estas tute nekredeble. La unuan fojon mi apenaŭ kuraĝis gliti, sed mi tamen faris, kaj estis enorma sento. Kaj la vidaĵo al la maro, tiel bela! Krome estis varme. Kiam hejme estas malvarme, oni aspektas kiel neĝviro kiam oni venas al la laboro, kvankam estas nur dekminuta marŝado. Kaj se estas malvarme, estas efektive vera frosto, ofte kvindek minusgradoj.

Tiel malvarme neniam estis en ŝia infanaĝo, en la sovetia Centra Azio. Kaj ankaŭ multaj aliaj aferoj estis bonaj en la sovetia tempo, eĉ se oni vivis iom malriĉe, ŝi diras.

– Mi opinias, ke la homoj estis pli afablaj kaj ĝentilaj en Sovetio. Nun oni estas traktata kiel strangulo, se oni diras al iu pardonon aŭ bonvolu.

Poste ŝi ekparolas pri la teruraj ukrainaj faŝistoj kiuj ĵetas malpermesitajn fosforbombojn sur la rusajn civilajn loĝantojn de Donecko. Sed la fosforbomboj estas nur propagando, mi diras, kaj ankaŭ la faŝistoj malmultas, ĉefe sur la ukrainia flanko estas ordinaraj homoj kiuj simple volas defendi sian landon.

Tamara aspektas pripensema kaj opinias ke Putin ĉiuokaze estas bona prezidento kaj laboras por paco. Mi ne vere samopinias, mi diras, ĉar en orienta Ukrainio ne estus milito, se ne Putin estus sendinta tien rusiajn armilojn kaj soldatojn. Sed mi ja verŝajne pensus proksimume kiel vi, se mi spektus nur rusian televidon, mi aldonas.

– Jes, sed ja ne estas io alia por spekti. Almenaŭ ne tie, kie ni loĝas. Kaj cetere oni ja apenaŭ havas tempon spekti televidon. Politiko estas teda kaj la vivo pasas tiel rapide post kiam oni iĝis tridekjara, ĉio nur preterflugas.

La atendo tamen ne iĝis longa, jam estas post la unua horo kaj oni malfermas la registriĝon por mia flugo. Tamara restas sur sia loko kun siaj juglandoj. Ŝi krias post mi:

– La akvoglitejo, ĝin vi devas provi, se vi revenos al Krimeo!

❖

# La elpelitoj

La vizaĝo de la rusia prezidento videblas en preskaŭ ĉiu suvenirbutiko ankaŭ ĉi tie en Kievo, sed kun iom alia enkadrigo ol sur la marborda promenejo en Sebastopolo, la urbo de la rusa honoro. Furore vendiĝas ne T-ĉemizoj kun nudbrusta Putin sur ĉevalo, sed skraptapiŝoj kaj neceseja papero kun la vizaĝo de la rusia prezidento. Sub la bildo sur la necesrulo estas presitaj la inicialoj de kelkaj rusaj sakraĵoj, tro krudaj por skribi plene eĉ sur pugopapero. Ankaŭ la teksto sur la skraptapiŝo estas en la rusa, ĉar ĉi tiu estas ĉefe ruslingva urbo. "Viŝu la piedojn", la tapiŝo ordonas. La vizaĝo de Putin formas la literon O.

Oni povas aĉeti ankaŭ la kondukpermesilon de Vladimir Putin. Tamen sur la karto lia nomo estas ne Vladimir, sed Ĥujlo – ekstreme kruda insulto, el kiu oni kutime ellasas almenaŭ unu literon eĉ en la surmuraj skribaĵoj. La kondukpermesilo estis eldonita la 7-an de majo 2000, kiam Putin prezidentiĝis, kaj validas ĝis la 31-a de decembro 3000, por ĉiuj eblaj veturiloj, inkluzive trolebuson kaj tramon.

Sur la interna flanko de la vitra pordo al la librovendejeto iu fiksis ukrainlingvan paperon: "Ni ne vendas separisman aŭ kontraŭukrainian literaturon!"

Ni troviĝas en la piedira tunelo sub *Majdan Nezaleĵnosti*, la Placo de Sendependeco, la absoluta centro de Kievo. Sur la placo komenciĝis la manifestacioj kontraŭ Viktor Janukoviĉ en decembro 2013, sur la placo la manifestaciantoj barikadis sin per sablosakoj kaj amasoj da pneŭoj, sur la placo la popolamasoj festis la venkon. Jen kaj jen en la ĉirkaŭaĵo oni trovas malgrandajn memorlokojn kun portretoj de la herooj de la revolucio. La plej multajn el la pli ol cent mortigitoj la morto trafis je distanco de nur kelkcent metroj de la Placo de Sendependeco.

Pasintfoje, kiam mi vizitis ĉi tie, en majo, la Placo de Sendependeco plu odoris je fumo. Ne el la nigra skeleto de la brulinta Domo de la Sindikatoj ĉe la stratangulo, sed pli proksime. La fumo venis el la fajrujoj en la malhele verdaj armeaj tendoj sur la placo. Aro da vojperdintaj protestantoj ŝajne ekloĝis ĉi tie, atendante pli bonajn tempojn aŭ novan revolucion.

Nun la tendoj estas for, la strato preter la placo denove estas malfermita por trafiko, kaj la Domo de la Sindikatoj estas kovrita de bluflava ukrainia pejzaĝo kun la vortoj "Honoron al Ukrainio – honoron al la herooj!" skribitaj per enormaj literoj. La iama naciista slogano de la dua mondmilito ekhavis novan signifon. Nun oni honoras la heroojn de Majdan. Kie iam staris la tendoj, nun troviĝas reklamŝildoj por la ukrainia armeo. La bildoj montras ridetantajn soldatojn kune kun dankaj loĝantoj en rekonkeritaj vilaĝoj en la oriento. "La armeo savas, defendas, helpas" estas skribite sur la ŝildoj. En unu foto flegistino en uniformo kaj kuglorezista veŝto parolas kun maljuna virino, kiu sidas sur benko en parko.

La efektiva situacio de Ukrainio pli similas la fulgokovritan Domon de la Sindikatoj ĉe la angulo. Malantaŭ la kulisoj eble okazas iom da riparado, sed mono mankas, kaj estas malfacile rekonstrui la landon, samtempe kiam la ribeluloj kun rusia subteno faras ĉion por forŝiri pliajn pecojn.

La problemoj multas, kaj tute ne certas, ke la nova registaro havas tion, kio necesas por eĉ komenci solvadi ilin. Sed ĉi tie oni almenaŭ rajtas libere diri kion oni opinias, ĉi tie ekzistas sendependaj amaskomunikiloj kaj liberaj civitanaj organizaĵoj, kiuj laboras por evoluigi la socion en tiu direkto, kiun ili mem trovas la plej bona. Tial multaj krimeanoj kiuj ne akceptas la rusian regadon veturis ĉi tien.

Unu el ili estas la entreprenisto Liza Boguckaja, kiu fuĝis el Simferopolo komence de septembro, post kiam la rusia sekurservo faris traserĉadon en ŝia hejmo kaj pridemandis ŝin pro tio, kion ŝi verkis en sia blogo. Ni renkontiĝas proksime al la Placo de Sendependeco, en la halo de la kvarstela hotelo Dnipro, kie la ekstremnaciistoj de la organizaĵo Dekstra Sektoro dum kaj post la revoluciaj tagoj okupis tutan etaĝon. Komence de aprilo la ukraina sekurservo elpelis la ekstremistojn, kaj nun Dnipro denove estas malnovmoda, iom dormema lukshotelo. Kun ridinde malaltaj prezoj, ĉar la ukrainia valuto kraŝis.

Liza Boguckaja estas ukrainia patrioto kaj ne povas akcepti, ke alia lando simple venas kaj forrabas parton de Ukrainio. Tial ŝi partoprenis en ĉiuj manifestacioj kontraŭ la rusia okupo en Simferopolo, dum tio eblis. Sed ne longe eblis, ŝi diras.

– Kiam krimeanoj subite eksentis sin rusiaj civitanoj, ili komencis ataki ĉiujn, kiuj portis ukrainiajn simbolojn. Iĝis neeble eliri sur la straton kun la flago de Ukrainio, aŭ eĉ paroli ukraine publike. Mi mem estas ruslingvano, sed por protesti mi komencis paroli ukraine en vendejoj kaj benzinejoj kaj aliaj tiaj situacioj, nur por montri ke mi ne timas.

Tuj post la referendumo multaj krimeanoj komencis konduti agreseme kontraŭ ĉiuj, kiuj volis ke Krimeo restu parto de Ukrainio, diras Liza Boguckaja.

– Mi tute ne fidas tiujn oficialajn ciferojn, la partopreno en la referendumo ne estis tiel alta. Sed kiam la referendumo ja okazis kaj Rusio komencis disdoni monon, pagi altajn pensiojn kaj salajrojn, tiam subite multegaj estis por Rusio. Ni, kiuj volis resti en Ukrainio, ŝajnis eta minoritato. Dum iom da tempo mi sentis, ke la absoluta majoritato efektive estas sur la flanko de Rusio. Sed mi sentas, ke nun okazis turniĝo, malpli multaj defendas Rusion aktive, nun kiam ili vidis, kion signifas la rusia regado. La plimulto estas pasiva.

Liza Boguckaja plu verkadis siajn kritikajn blogaĵojn, kiuj ricevis multan atenton en la tuta Ukrainio, kaj ŝi aktivis por tio ke laŭeble multaj rifuzu la rusian civitanecon. Ŝi partoprenis ankaŭ kiam krimeaj tataroj veturis al la nova limo por akcepti la malnovan disidenton kaj homrajtan aktivulon Mustafa Cemilev. Kiam Cemilev ne estis enlasita de la rusiaj limgardistoj, Liza Boguckaja iĝis unu el tiuj, kiuj transiris la limon por renkonti lin.

– Mi partoprenis preskaŭ ĉiujn tatarajn manifestaciojn, kaj ankaŭ tie mi estis. Mi estis vestita en la koloroj de Ukrainio, flava ĉemizo kaj blua ĝinzo. Mi iris en la avangardo, kontraŭ la rusiaj soldatoj, kontraŭ iliaj armiloj, kaj mi vidis kiel tremas iliaj manoj, kiuj tenas la armilojn. Haltu, aŭ ni pafos, unu kriis, kaj la ŝvito fluis sur lia vizaĝo. Ne, vi ne pafos, tralasu nin, mi diris. Kaj ni transiris la limon. Sed poste ili vokis pli da soldatoj, kaj kiam ni reiris, ili fotis ĉiujn. Unue ili diris, ke ili tralasos reen nur tiujn, kiuj havas pasporton kun si, sed poste ili tamen enlasis ĉiujn.

La incidento la 3-an de majo poste estis uzata kiel kialo por fari traserĉadojn en la hejmoj de multaj tataroj. Kaj la 8-an de septembro venis la vico de Liza Boguckaja.

– Tio estis proksimume je la kvina kaj duono en la mateno. Ni loĝas en propra domo, kaj iamaniere ili sukcesis malfermi la pordegon. Kiam mia hundo, boksero, aŭdis fremdulojn en la korto, li elkuris kaj komencis boji. Mi aŭdis kvar pafojn kaj kriantajn virojn, kaj mi tuj komprenis, ke okazos traserĉado. Mia filino senprokraste skribis tion en mia paĝo en Facebook.

Unu el la kugloj trafis la vangon de la hundo, sed la vundo resaniĝis.

– Se ĝi trafus nur kelkajn centimetrojn pli alte, li nun estus morta. Jes, kaj poste ili enkuris kaj traserĉis ĉion, ili okupiĝis pri tio dum tri horoj. Poste ili konfiskis ĉiujn miajn komputilojn kaj telefonojn, puŝis min en aŭton kaj veturigis al pridemandado. Ili diris, ke ili reprezentas la kontraŭekstremisman centron de la ministerio de internaj aferoj, ke ĉiuj miaj blogaĵoj estas ekstremismaj, separismaj, ke estas aludoj al terorismo, atenco kontraŭ etna grupo, ke mi atakas la honoron de la prezidento... Ili listigis akuzojn, kiuj certe povas sufiĉi por dekjara malliberigo. Poste ili komencis pridemandi min pri la 3-a de majo kaj akuzi min pri tio, ke mi kontraŭleĝe transiris landlimon.

Post seshora pridemandado Liza Boguckaja estis liberigita por atendi la daŭrigon de la krimesplorado. Ŝi tuj decidis forlasi Krimeon laŭeble rapide – eblas fari pli por ukrainia Krimeo en libero ol en prizono, ŝi rezonis. Sed pri tio ŝi silentis, kiam la ĵurnalistoj telefonis.

– Ukrainiaj novaĵburooj plurfoje raportis pri la traserĉado kaj pri tio, ke la pridemandado plu daŭras. Do kiam oni ellasis min, tuj pluraj ĵurnalistoj telefonis al mi. Mi diris, ke mi intencas resti, kvankam mi jam decidis veturi la saman vesperon, ĉar mi ne volis, ke tio estu konata ĉe la limo. Sed evidente ili sciis ĉiuokaze, ĉar la tutan vojon al la limo min sekvis aŭto. Mi veturis tra Armjansk en la nordokcidento, kaj mi sukcesis pasi la limon en malpli ol duonhoro, tre rapide. Ili nur kontrolis la pasporton, kaj mi jam transveturis.

Kiel do estis veni al la ukrainia ĉeftero, mi demandas.

– Mi ploris, kiam mi vidis la flagon de Ukrainio. Mi jam alkutimiĝis vidi nur la malgrandan ukrainian flagon en mia propra aŭto. Kaj kiam mi vidis la grandan flagon flirti libere en la vento, mi sentis kvazaŭ eĉ la aero estus alia. Mi sentis min libera, estis kvazaŭ oni ellasus min el prizono kaj mi povus spiri denove.

Post monato en la ĉeftero, unue en Odeso kaj nun en Kievo, Liza Boguckaja estas iom seniluziiĝinta pro la manko de interesiĝo pri Krimeo. Ŝajnas ke la ukrainiaj aŭtoritatoj havas multon alian pri kio okupigi.

– Ili ne havas tempon diskuti Krimeon aŭ kiel ni ricevu ĝin. Tio estas mia tasko, la tasko kiun mi donis al mi mem, certigi ke la demando ne malaperu el la tagordo. Krimeo estas mia hejmregiono. Kaj Krimeo ne estas Rusio. Mi faros ĉion, por ke Krimeo ne apartenu al Rusio.

Liza Boguckaja kuras al sia aŭto, ŝi devas trafi gravan renkontiĝon. Mi reiras al la Placo de Sendependeco, aĉetas kelkajn metroajn ĵetonojn en aŭtomato kaj prenas la rulŝtuparon suben, al la kajo. En la stacio Palac sportu mi ŝanĝas al la verda linio. Ĉi tie, en la sportpalaco, okazis la muzikkonkurso de Eŭrovido en 2005, la jaron post la oranĝa revolucio. Tiam la esperoj estis enormaj – Ukrainio ja elektis la demokratian, eŭropan evoludirekton, oni diris. La Eŭrovida venkinto Ruslana partoprenis en la revolucio kaj poste estis elektita parlamentano. Antaŭ la kantokonkurso Ukrainio forigis la vizodevon por EU-civitanoj. La vizojn oni neniam reenkondukis. Sed nun la situacio estas preskaŭ kiel antaŭ dek jaroj, nur multe pli malbona. Pasintfoje la venkintoj post la revolucio ne povis konservi sian konkordon. Ĉi-foje la minaco venas de ekstere, el la oriento. Kaj Krimeo jam estas perdita.

La brua metrotrajno elveturas el la tunelo sur la Sudan Ponton trans Dnepro. Malfermiĝas vidaĵo al la oraj kupoloj de la Grotmonaĥejo pinte de la kruta deklivo, apud Patrinlando – enorma, arĝente brila virino kun alte levita glavo en la dekstra mano kaj ŝildo kun la blazono de Sovetio en la alia mano. Pli distance norde, sur la sama flanko de la rivero, staras la statuo de Vladimir la Sankta, kiu baptigis sin en Krimeo antaŭ mil jaroj. Aŭ ĉu estis en Kievo? Ajnaokaze li estis princo de Kievo – ĝuste ĉi tie komenciĝis la konstruo de la rusia ŝtato komence de la 9-a jarcento. Kieva Rusjo oni kutime nomis la grandan ŝtaton de la orientaj slavoj, aŭ Kieva regno. Sed jam ne plu, almenaŭ ne en rusiaj lernolibroj. Rusio ne plu amikas kun Ukrainio, kaj do ja ne eblas, ke la nomo de la unua rusia ŝtato enhavu la nomon de la ĉefurbo de Ukrainio. Ne, la ĝusta nomo estas Prarusa ŝtato. Tiel ĝin nomas la novaj lernolibroj, kaj tri tagojn post kiam Vladimir Putin solene subskribis la paperon, kiu igis Krimeon parto de Rusio, Kieva Rusjo ŝanĝis sian nomon al Prarusa ŝtato ankaŭ en la ruslingva Vikipedio. La reta milito pri la nomŝanĝo daŭris monatojn, sed la kremle patriotaj rusiaj vikipediistoj estis pli persistaj, kaj ili fine sukcesis neniigi Kievon en la nomo de la praa ŝtato.

La vera Kievo tamen restas en la sama loko, kie ĝi staras de pli ol mil jaroj. La trajno akcelas kiam ĝi enveturas la tunelon sur la maldekstra bordo. La konstruaĵoj ĉi tie sur la orienta flanko de la rivero ne estas miljaraj, sed ĉefe de la sovetia tempo. La verda metrolinio kaj la tuta Suda ponto estis ekkonstruita nur dum la lasta jardeko de Sovetio. Mi eliras ĉe la stacio Oskorki, kiu estis malfermita kiam Sovetio ĵus ĉesis ekzisti, veturas supren per la rulŝtuparo, kaj trovas min rande de enorma distrikto de altaj loĝdomoj, apud la aŭtovojo kiu kondukas al la flughaveno Borispil. Transe, malantaŭ longa vico da butiketoj kaj frizejo kiu proponas hartondadon por 30 hrivnoj, unu kaj duona eŭro, videblas aĉetcentro kun granda ŝildo de la dana hejmaĵvendejo Jysk. Ĉi tie la familio de Esma Aciyeva trovis por si loĝejon.

Ŝi estas la krime-tatara kuracisto, kiun ni jam renkontis – ŝi laboris pri internaciaj projektoj por plibonigi la prizorgon de novnaskitoj kaj naskintoj en Krimeo. Kiam Rusio aneksis la duoninsulon, la projektoj estis finitaj, ŝi rakontas.

– Ni ne povas labori en okupita teritorio, tiaj estas la reguloj. Mi fermis unu projekton, poste la alian. Ni ĵus ricevis amason da ekipaĵo por intensa flegado de novnaskitoj, por multa mono el svisa funduso. Ĉion tion mi devis fordoni. Sed mi transdonis la ekipaĵon rekte al la malsanulejoj, kaj certigis, ke ĝi estis registrita kiel posedaĵo de la malsanulejo, tiel ke ili ne povos formovi ĝin al Rusio.

Eble oni tamen povus resti en Krimeo, se ne estus la infanoj. Sed tio, kio okazis en la lernejo, estis tute neeltenebla, diras Esma.

– Tio estis terura por la infanoj, ili estis tute ŝokitaj. Kiam ili venis al la lernejo, ili devis vidi la instruistojn forŝiri la simbolojn de Ukrainio de sur la muro. Ne temis pri zorgema forŝraŭbado, sed ĉio devis esti ĵetita sur la teron. Kaj mia filino, kiu estas dekjara, post la lernejo demandas min: ”Panjo, mi ne komprenas. Kiam la lernejo komenciĝis la 1-an de septembro, la klasinstruisto parolis pri tio ke Ukrainio estas nia patrolando, ŝi diris ke ŝi amas Ukrainion, Ukrainio estas nia fiero. Kaj nun ŝi diras, ke ŝi estas rusa, ke ŝi amas Rusion, ke Putin estas bona kaj la ukrainoj estas faŝistoj. Kion mi kredu? Vi ja diris, ke mi aŭskultu la instruistojn.”

La filo, kiu estas unu jaron pli juna, diris absolute nenion, li estis komplete silenta, kiam Esma prenis la infanojn en la lernejo.

– Li ne volis paroli, li fermis la pordon de la aŭto post si kaj kaŝis la kapon en la jako. Li sidis tiel la tutan vojon. Fine mi sukesis paroligi lin. ”Kiu do mensogas?” li demandas. ”Vi diris, ke la ukrainoj estas bonaj, sed hodiaŭ ni lernis, ke ili estas faŝistoj kaj murdistoj.”

Post tiu tago la infanoj restis hejme, la familio pakis siajn aĵojn kaj aranĝis ke ili povu translokiĝi al Kievo laŭeble tuj. Kiam ĉio estis decidita, Esma iris al la lernejo por preni la dokumentojn de la infanoj.

– Kiam mi venas tien, mi vidas ke ĉiuj simboloj de Ukrainio efektive estas forŝiritaj, sur la muro pendas nur flago de Rusio. Mi diras, ke mi volas forpreni la infanojn el la lernejo kaj preni iliajn dokumentojn. Tiuj homoj kolektas la paperojn, preparas ilin, kaj kiam ili transdonas ĉion, ili demandas: "Kial vi veturas tien, al la nesto de faŝistoj, ĉu vi certas, ke ne estas danĝere tie?" Tion ili vere diris, laŭvorte. Mi silentis, kvankam mi vere volis eldiri ĉion kion mi opinias pri ili, sed ili ja estas kiaj ili estas, kaj tio nenion ŝanĝus. "Estas via opinio", mi nur diris, kaj foriris.

La decido forveturi estis absolute ĝusta, diras Esma. Kaj ŝi povis daŭrigi sian laboron en Kievo, ĉe la sama organizaĵo. Sed facile ne estis.

– Dum du monatoj mi estis tute deprimita, en majo kaj junio, mi nur sidis hejme, kvankam mi devis labori. Mi prizorgis la aferojn de hejme. Estis malfacile por mi renkonti homojn, unu fojon mi komencis plori histerie dum renkontiĝo en la ministerio de sano.

Ankaŭ por la infanoj kompreneble estis malfacile forlasi la kutiman medion kaj subite ekstudi en nova lernejo, en grandega urbo kun tri milionoj da loĝantoj. Kaj krome en nova lingvo.

– En Krimeo la lernejo estis ruslingva. Ĉi tie ĝi estas en la ukraina. Kompreneble estas ankaŭ ruslingvaj lernejoj, sed ĉi tiu lernejo estas ege bona kaj tuj apud nia loĝloko. En la unua diktaĵo la filino havis 24 erarojn. Ŝi kompreneble ploris. Ŝi ja volas havi la plej altajn notojn, kaj en Krimeo ili studis la ukrainan nur kelkajn horojn semajne. Sed ni havigis al ni ekzercarojn, kaj en la sekva diktaĵo ŝi havis nur kvar erarojn.

Eĉ se Krimeo denove iĝus parto de Ukrainio, estas malverŝajne, ke la familio denove ekloĝus tie, diras Esma.

– Mi mem ja povus imagi tion. Sed mia edzo absolute ne volas. Li tiel seniluziiĝis pri tiuj homoj, kaj ili ja restos tie ajnaokaze. Ili simple denove ŝanĝos la maskon, ili denove ŝajnigos sin ukrainianoj, samkiel tiu klasinstruisto.

En la vespero mi veturas per la metroo norden, al la betona antaŭurbo Obolon ĉe la okcidenta bordo de Dnepro. Tie mi renkontas Tatjana Kurmanova kaj Aleksandr Gundlaĥ, junan ĵurnalistan paron, kiu ĵus translokiĝis el Krimeo, ĉar ne plu eblis labori tie. Ili loĝas en unuĉambra apartamenteto, kiun ili vicluas, proksime al metrostacio. La saman tagon kiam mi vizitas ilin estis enŝaltita la hejtado por la vintro, kaj el la kranoj venas varma akvo. Luksaĵo.

Ankaŭ ili ne povas imagi, ke ili retranslokiĝus al Krimeo, diras Tatjana.

— Mi ne volas senti min servutulo. Kompreneble en Ukrainio estas koruptado kaj multaj enormaj problemoj. Sed mi volas havi la ŝancon influi tion, kio okazas, mi ne volas esti homo, kiun oni simple povas preni kaj donaci al iu alia. Mi ne volas silenti, mi volas povi diri, kion mi opinias. Mi mem neniam partoprenis manifestaciojn, mi ja estas ĵurnalisto kaj mia tasko estas raporti pri ĉio tio. Sed la eblo devas ekzisti, tio estas kiel la aero kiun ni spiras. Tial mi ne povis plu loĝi en Krimeo, kaj tial ni preskaŭ certas, ke ni ne revenos tien.

Aleksandr konsentas:

— Ne, eĉ se ĉio denove estos bona kaj Krimeo reiros al Ukrainio, tamen la amara gusto restos. Ĉiuj tiuj homoj, kiuj tiel ĝojis pri la anekso, ili ja restos kiaj ili estas, li diras.

Tatjana diras, ke ŝi ne povus vivi apud homoj, kiuj festis pro la anekso kaj fermis la okulojn al tio, ke iliaj najbaroj povis esti batitaj aŭ forportitaj, se ili manifestaciis kontraŭ ĝi.

— Ili nenion diris, ili nur glutis ĉion. Krimeo ja evidente estas nia hejmregiono, ĝi estas ankaŭ la hejmo de miaj ekzilitaj praavoj. Sed mi neniam plu povos loĝi tie, ĉu ĝi estas rusia aŭ sendependa aŭ kio ajn, ĉar tiuj ĉi okazaĵoj malkaŝis multon pri la granda majoritato de krimeanoj, kaj mi ne plu volas esti unu el ili, simple. Tiel statas la afero.

La gepatroj de Tatjana Kurmanova estas krimeaj tataroj. Tiuj de Aleksendr Gundlaĥ estas rusoj, kvankam lia familia nomo prefere sonas germane.

— Niaj praavoj estis el Aŭstrio, dum la tempo de Petro la Granda ili translokiĝis al la regiono de Vladimir, oriente de Moskvo. Ili tie fondis vitrofabrikon, tion ĉiuokaze rakontis mia avo.

La gepatroj de Aleksandr prefere subtenas ol kontraŭas la anekson, sed ili komprenas lian decidon forlasi Krimeon, li diras.

— Ili ja ne ĝojis pro ĝi, sed tamen akceptas. Sed por ili Rusio ŝajnas pli proksima ol Ukrainio. Ili sentas nostalgion pro Sovetio, kaj kiam ĉio ĉi okazis, ili ĝojis. Povas esti, ke ili nun iom seniluziiĝis, sed tion ili certe ne emas diri al mi.

Ĉu do viaj gepatroj ligas Rusion kun la iama Sovetio, kiun ili memoras?

— Jes. Aŭ eble ili ne tiom pensas ĝuste pri Rusio, sed pri Putin. Ili esperas, ke Putin redonos al ili tiun Sovetion, kiun ili memoras de sia infanaĝo.

Sed kion ili volas rehavi, kio estas tio bona, kiun ili rememoradas?

– Kion ili volas rehavi? Se rigardi la aferon filozofie, ili verŝajne volas rehavi sian junaĝon. Sed tio ja ne eblas. Sed se praktike, do multaj ne vere konas Rusion, ili simple pensas, ke tie ĉio estas pli bona. Pli altaj pensioj kaj salajroj, malpli altaj prezoj, ili pensas, ke Rusio estas la paradizo sur la tero.

Sed ĝuste tion la gepatroj de Aleksandr ĉiuokaze ne kredas, ili havas relative realisman bildon pri la vivcirkonstancoj en la hodiaŭa Rusio, li diras.

– Mia patro estas eksa militisto, kaj mi mem naskiĝis en Rusio, proksime al Ĉeĉenio. Poste ni translokiĝis al Kamĉatko, plej fore en la oriento, kaj tie mi frekventis lernejon. Nur en 1997 ni ekloĝis en Krimeo. Kaj mia patro neniam faris sekreton pri sia amo al Sovetio, kaj al Rusio, ĉar tie li pasigis sian junaĝon. Sed li ne estis kontraŭulo de Ukrainio pro tio. Li estis kontraŭulo de la korupteco kaj nelimigita potenco de la burokratoj, kiuj ja ekzistis kaj plu ekzistas en Ukrainio. Sed ili ekzistas ankaŭ en Rusio, eble eĉ en pli alta grado.

Por multaj kiuj mem ne loĝis en Rusio kaj fidas la rusian televidon, tamen temas ne nur pri sopiro reen al la bona sovetia epoko, kiu eble neniam ekzistis, sed ankaŭ al materie pli bona vivo, kiun oni esperas ricevi pro la anekso.

– Kiam mi diris al homoj, ke ili devus mem veturi al Rusio por vidi, kiel oni vivas tie, aŭ almenaŭ iom rigardi en la reto, antaŭ ol ili voĉdonos por aliĝo al Rusio, neniu volis aŭskulti min. Ne, ili diris, ĉio iĝos bona. Nun ili mem vidas, kiel estas. Tio estas malnova rusia problemo, oni tre volas, ke iu alia venu kaj ordigu la aferojn, sed mem oni volas fari nenion. Oni atendas iun afablan onklon. Kaj nun Putin venis.

Tatjana Kurmanova laboris en la Centro de Esplora Ĵurnalismo en Krimeo, respektata organizaĵo, kiun financis eksterlandaj fondaĵoj, lastatempe el Danio. Ŝiaj kritikaj raportaĵoj estis publikigataj en la reto kaj en la privata televidkanalo Ĉernomorka, kiu nun estas fermita de la rusiaj aŭtoritatoj. La Centro de Esplora Ĵurnalismo estis sturmita de bando obeanta la novajn aŭtoritatojn nur kelkajn tagojn post kiam rusiaj trupoj okupis la parlamentejon.

– Ĉar ni laboris pri esplora ĵurnalismo, ni havis ĝenajn informojn pri ĉiuj en la nova registaro. Nia laboro ĉiam ĝenis la potenculojn, kaj jen ili ricevis brilan okazon liberiĝi de ni. Ili atakis jam la unuan de marto, la sindefendaj trupoj sturmis nian ejon. Sed tiam ni ne sciis, kiuj ili estas. Simple peze armitaj viroj en kamuflaj uniformoj. Nun ni scias, ke estis la sindefendaj trupoj de Aksjonov.

Do ne rusiaj soldatoj, sed lokaj herooj dungitaj de la nova ĉefministro, mi precizigas.

– Ĝuste, tiuj rusiaj soldatoj ne partoprenis en tiuspecaj atakoj. Ĉiuj konkretaj krimoj kontraŭ homaj rajtoj estas ligitaj al la propraj trupoj de Aksjonov. La rusiaj soldatoj efektive estis ĝentilaj, kiel oni kutimas nomi ilin. Ili havis sian taskon kaj prizorgis ĝin, nenion alian.

Ne tiel pri la viroj de la nova ĉefministro.

– Ili tenis nin tie dum ses horoj, nin kvar, kiuj estis en la ejo kiam ili alvenis. Ili eĉ aranĝis propran gazetaran konferencon en nia salono. Sed tio ŝajne ne estis tute aprobita de supre. Ni provis kontakti Aksjonov, kaj fine ili foriris de tie. Sed poste ili regule revenadis, svingis siajn pistolojn kaj diris ke ni devas malplenigi la ejon.

Post la sturmado de la parlamentejo esplora ĵurnalismo iĝis neebla. Tatjana Kurmanova kaj ŝiaj kolegoj jam ne povis ricevi komentojn aŭ ajnajn informojn el oficialaj fontoj. Nur tiuj ĵurnalistoj, kiuj faris senkritikajn demandojn, estis enlasitaj en la gazetarajn konferencojn.

– Oni simple ne lasis nin eniri la parlamentejon. Ni ricevis nenian klarigon, oni simple fermis la vojon al ni. Kaj ĉiuj gvidaj politikistoj ĉesis respondi. Kiam ni provis fari demandojn al la prezidanto de la parlamento surstrate, li forkuris de ni kaj kriis, ke li ne intencas paroli kun usonaj spionoj.

Kiam Tatjana Kurmanova kune kun kameraisto stariĝis ekster la registara konstruaĵo por fari kelkajn demandojn al la moskvema ĉefministro Aksjonov, ili estis perforte flankenĵetitaj de la korpogardistoj de Aksjonov. Kaj ne nur tio.

– Tiuj sindefendaj trupoj minacis min kaj diris, ke se mi provos eniri preter ilin, ili seksperfortos min surloke kaj poste metos en mian manon grenadon kaj diros ke mi planis eksplodigi la registaran konstruaĵon.

Laŭ la homrajta organizaĵo Human Rights Watch la tiel nomataj sindefendaj trupoj partoprenis en kontraŭleĝaj arestoj, kaperoj kaj torturado de multaj krimeanoj kiuj montris sian subtenon al Ukrainio. Krome la sindefendaj trupoj laŭ Human Rights Watch en pluraj okazoj perforte dispelis manifestaciojn kaj ĉikanis ĵurnalistojn. Sume almenaŭ 15 krimeaj tataroj kaj porukrainiaj aktivuloj malaperis aŭ estis kaperitaj en Krimeo dum la unuaj ses monatoj post la sturmado de la parla-

mentejo. Ses el la kaperitoj estis poste liberigitaj, inter tiuj la porukra-
iniaj aktivuloj Andrij Ŝĉekun kaj Anatolij Kovalskij, kiuj dum dek unu
tagoj estis tenataj en nehomaj cirkonstancoj en ejo, kie troviĝis pluraj
aliaj malliberuloj. Kovalskij estis torturita. Du el la malaperintoj poste
estis trovitaj mortaj: Reşat Ametov kaj Edem Asanov, ambaŭ krimeaj
tataroj. Laŭ informoj ricevitaj de la Centro de Esplora Ĵurnalismo, la
ordonon pri la malliberigo de Ŝĉekun kaj Kovalskij donis Aksjonov per-
sone. Neniu estis punita pro tiuj ĉi nek pro aliaj kaperoj.

Spite la minacojn, Tatjana Kurmanova kaj ŝiaj kolegoj en la Cen-
tro de Esplora Ĵurnalismo provis daŭrigi la laboron en Krimeo. Kiam
ili estis elpelitaj el la luita ejo en la domo de la sindikatoj, ili trovis pro-
vizoran rifuĝejon ĉe la privata televidkanalo Ĉernomorka, kiu ja ankaŭ
elsendis iliajn raportaĵojn. Sed baldaŭ venis la sekva bato.

– Ni longe serĉis, sed neniu alia kuraĝis luigi al ni ejon. Verŝajne
ĉiuj ricevis de supre indikon, ke tio ne estus taŭga. Sed Ĉernomorka
enlasis nin. Kaj en aŭgusto venis la sekurservo kaj konfiskis la tutan
ekipaĵon, tiun de Ĉernomorka kaj la nian. Ĉiuj kameraoj, ĉiuj mikstab-
loj, ĉiuj komputiloj kun nia tuta arkivo estis for. Iel ni sukcesis savi unu
kameraon, tio estis la tuto. Restas nenia ekipaĵo, neniu ejo, oni enlasas
nin nenie.

Tiam Tatjana kaj Aleksandr jam konstatis, ke ne vere plu havas
sencon provi labori en Krimeo kiel ĵurnalisto. Ili do decidis translok-
iĝi al Kievo.

– Ni ja restadis en Krimeo dum duonjaro, rigardis la ŝanĝojn, kaj
ĉiam pli konvinkiĝis, ke ni ne plu povas loĝi tie. Ni vere serioze kverelis
kun kelkaj el niaj plej bonaj amikoj. Ili ne komprenis nin, kaj nun ni ne
plu interrilatas. Mi kredas, ke ĉiuj en Krimeo havis tiaspecajn konflik-
tojn kun amikoj. Sed multaj el niaj amikoj konsentas kun ni, kaj multaj
fakte forlasis Krimeon, diras Tatjana.

– Sed ni tute ne klopodis konvinki aliajn sekvi nian ekzemplon,
estis nia privata decido, sed ili vidis nin kiel... ne kiel perfidulojn, sed
kiel stultulojn, kiuj fuĝas de la bona vivo kiu baldaŭ ekos, la bona vivo
en la rusia Krimeo, rakontas Aleksandr.

En la printempo, tuj post kiam la sindefendaj trupoj de Aksjonov
sturmis la ejon de la ĵurnalisma centro kaj malliberigis Tatjana kaj la
aliajn dum ses horoj, Tatjana kaj Aleksandr partoprenis festmanĝon ĉe
amikoj. Ŝi provis tiam rakonti al unu el la amikoj pri la okazintaĵo.

– Ŝi aŭskultis, aŭskultis, ŝi ŝajnis tute skuita de tio, kion mi rakontis. Kaj poste ŝi diras: "Sed tamen bone, ke la rusiaj militistoj estas ĉi tie, tiam mi povas senti min trankvila." "Kion vi celas?" mi demandis. "Jes", ŝi diras tiam, "tiuj Bandera-anoj ja ĉiuokaze ne venis ĉi tien". Kiuj strangaj Bandera-anoj, mi miris. Sed ili rigardas rusian televidon, ŝi nur plu babilis pri la trajnoj plenaj de perfortaj Bandera-anoj el okcidenta Ukrainio, kiuj neeviteble atakus nin, se ne estus venintaj la rusianoj. Do ja iĝis tre malfacile interrilati kun homoj, entute paroli kun ili, ĉar se ili vidas blankon ili nomas ĝin nigro. Tio estis peza.

Aleksandr laboris en la ruslingva novaĵredakcio de la krime-tatara televidkanalo ATR, kie la libereco ĉiam pli estis limigata. Tial ne estis malfacila decido maldungiĝi kaj translokiĝi, li diras.

– Evidente por ni estis pli facile ol por multaj aliaj, ĉar ni ne havas infanojn. Sed ni bone vivis tie. Se ĉi tio ne okazus, ni preferus resti. Sed ni ja ankaŭ ne timis translokiĝon, ĉi tio estas nia lando, kaj ni jam havis sufiĉe da sperto por trovi laboron ankaŭ ĉi tie sen apartaj problemoj.

Plia kialo por forlasi Krimeon estis la kreskanta suspektemo al krimeaj tataroj. Oni denove sentis sin preskaŭ kiel en la komenco de la 1990-aj jaroj, diras Tatjana.

– Tiam ni ekloĝis en Krimeo, kaj mi tre bone memoras, kiel estis tiam. Mi frekventis la unuan klason, kaj ni loĝis en Dušanbeo en Taĝikio, ĝis ni translokiĝis al Uglovoje, proksime al Sebastopolo. Ni estis la unuaj tataroj en tiu vilaĝo, kaj la vilaĝanoj fermis siajn fenestrojn kiam ili ekvidis nin. Nun venas la tataroj, baldaŭ ili manĝos niajn infanojn, ili diris. Mi nenion komprenis, mi ja estis tiel malgranda. La sola kiu pretis luigi al ni ĉambron estis maljuna virino, alkoholulo. Kaj ŝi tre surpriziĝis, kiam ŝi vidis, ke ni estas bonordaj homoj. Alian aferon mi memoras de tiam: ke mi estis nigrulaĉo, kvankam mi eĉ ne havas aparte malhelajn harojn, nek miaj gepatroj – ne videblas ke ni estas tataroj. Mi bone sukcesis en la lernejo, kaj miaj gepatroj petis, ke mi estu transmetita al pli alta klaso. "Ne, aŭdu jen, vi devas esti dankaj, ke ni entute registris vian nigrulaĉon en nia lernejo", tion respondis la lernejestro.

Tio okazis en 1992. Kaj nun sentiĝas, kvazaŭ la horloĝo estis returnita, nun oni denove ne fidas la krimeajn tatarojn. Ĉi-foje ĉar ili ne sufiĉe laŭte huraas pro la rusia anekso.

– Ĝis tiam ĉio daŭre iĝis pli bone, kaj neniam estis seriozaj etnaj konfliktoj en Krimeo. Sed nun la aferoj ŝanĝiĝis. Mi mem vidis, kiel plenkreskaj viroj en Simferopolo elpuŝis maljunulinon el buso, nur ĉar ŝi estas krimea tataro. Multaj tataroj nun perdas la laboron ĉar ili estas tataroj. Aperis surmuraj skribaĉaĵoj ke la tataroj malaperu el Krimeo. En urbopartoj kie loĝas multaj tataroj en marto iuj ĉirkaŭiris kaj farbis blankajn krucojn sur muroj, kvazaŭ antaŭ pogromo, por timigi. Homoj, kiuj de multaj jaroj loĝas najbare, komencis timi unu la aliajn. Tio estas terura. Kaj oni rimarkas ke tio estas la rezulto de propagando, ke tio estas kuraĝigata de supre. Tial mi ne plu sentis min hejme tie, diras Tatjana.

Tatjana kaj Aleksandr pakis siajn aĵojn, kvankam la plejmulto restis en Krimeo, ankaŭ la granda librokolekto de Tatjana. Eĉ ne eblas sendi libropakaĵojn nun, tio estas tute tro kosta kaj komplika, post kiam la ukrainiaj transportfirmaoj fermis siajn oficejojn en Krimeo. Sed kvankam ili lasis ĉion malantaŭ si, ili sentis ke ili venas hejmen, kiam la trajno fine transpasis la novan limon, diras Aleksandr. Tatjana rakontas pri la sento:

– Tie ĉe la limo staris tanko, ili fosis tranĉeojn. Kiam ni venis al la alia flanko ni preterveturis tataran vilaĝon. Tie mi vidis la tataran flagon, kaj la ukrainian. Tiam mi ekploris. Mi estis preskaŭ eŭforia, mi sentis min tiel libera vidante la flagon de Ukrainio, post ĉiuj tiuj rusiaj trikoloroj. Kaj post kelkaj tagoj, kiam ni jam estis en Kievo, oni festis la tagon de sendependeco de Ukrainio. Ni aĉetis flagon de Ukrainio kaj iris al la Placo de Sendependeco. Mi estis ege ĝoja. Sur la placo ni renkontis Mustafa Cemilev kaj multajn konatojn, estis bonega sento.

Ŝiaj gepatroj intencas resti, samkiel la plej multaj krimeaj tataroj, kaj ili iris preni siajn rusiajn pasportojn, eĉ se ili ne aparte entuziasmas pri la anekso. Sed kiel do statas inter ŝiaj gepatroj kaj tiuj de Aleksandr, ĉu ili povas interrilati, se ili havas tiel malsamajn sintenojn, mi demandas.

– Jes, ili foje telefonparolas, sed ili ne tuŝas sentemajn temojn. Ili loĝas en malsamaj urboj, do ili neniam dense interrilatis, alie eble estus malpli facile eviti tion, ŝi diras.

– La plej multaj en Krimeo verŝajne preferas paroli pri ĉiutagaj problemoj, pri altiĝintaj prezoj aŭ similaĵoj, por certeco, diras Aleksandr.

Por la parencoj de Tatjana en Rusio malfacilas kompreni, ke la anekso povas esti tia pomo de malkonkordo. Ili ja same estas krimeaj tataroj, sed ili loĝas en Rusio de tiel longa tempo, ke ili tute alproprigis la rusian perspektivon, ŝi diras.

– Mia patrino serioze kverelis kun ili, kiam ili parolis per Skajpo kaj la parencoj gratulis ŝin pro la reunuiĝo. Ŝi akre reagis al tio, kaj la homoj en Rusio tute ne komprenis, kial. Same multaj aliaj konfliktis, mi havas amikinon, kiu kverelegis kun sia patro, ĉar li malferme montris sian fortan subtenon al la anekso, dum ŝi havis tute alian opinion.

La plej multaj en Krimeo nun komprenis, ke Putin mensogis, dirante ke ne estis rusiaj trupoj, kiuj sturmis la parlamentejon de Krimeo kaj ĉirkaŭis la ukrainiajn militajn bazojn, diras Aleksandr. Putin ja mem poste konfesis, ke rusiaj trupoj estis uzitaj – kvankam nun li asertas, ke li neniam diris ion alian. Sed multaj opinias, ke estis tute en ordo mensogi kaj trompi, ja estis por bona afero. Tion opinias la plej multaj, diras Aleksandr.

– Ili estas ĝojaj kaj kontentaj, ili parolas pri ”geopolitiko”, ke tio estis necesa. ”Jes ja, li trompis la tutan mondon, lerte ĉu ne!” Tamen ili kredas, ke li kondutos honeste kun ili. Ili ne komprenas, ke li intencas trompi ilin precize same.

❖

# Imperiaj revoj

Ĉi tie ĉio komenciĝis. En Moskvo Vladimir Putin per kelkaj skribilstre-
koj transformis Krimeon al parto de la rusia regno. Sed kial? Se la res-
pondo troveblas ie, do ĉi tie, en la meza punkto de la imperio.

Jes, sed nun ja Krimeo estas nia! Tiu restas la konstanta respondo
al ajnaj malsukcesoj post la anekso. Pasis duonjaro, la jubilado iom
mallaŭtiĝis, kaj ĉiuj jam aŭdis la frazon pri Krimeo tiomfoje, ke ĝi iĝis
ŝerceto. Ĉu la lifto rompiĝis? Ĉu la rublo falegis? Jes, sed nun tamen Kri-
meo estas nia!

Sed daŭre por la loĝantoj de la rusia ĉefurbo estas praktike mem-
klaraĵo subteni la "reunuiĝon".

La librovendejo *Dom knigi* ("Librodomo") estas plata betona kesto
konstruita en 1967. Ĝi staras inter la sovetiaj nuboskrapuloj ĉe strato
Novij Arbat. La montrofenestron regas la nova romano de la Stalin-
amanta ekstremnaciisto Aleksandr Proĥanov pri la rekonkero de Kri-
meo. La kovrilo havas la kolorojn de la rusia flago kaj montras stiligi-
tajn militŝipojn kun ruĝaj steloj sur la pruo. Proĥanov estas la ulo kiu
en televida intervjuo asertis ke la monda judaro proksimigas novan
holokaŭston per sia subteno al la faŝisma puĉo en Kievo.

La intervjuanto kapjesis konsente.

– Ili ja proksimigis ankaŭ la unuan, ŝi mem aldonis.

Tiaj eldiraĵoj en rusia televido jam apenaŭ surprizas. Aliflanke
estus nepenseble, ke oni allasus en la diskuton iun, kiu kritikas la anek-
son de Krimeo.

En la butiko, plej proksime al la kasoj, staras tablo kun stakoj da
tio, kion oni en Kievo nomus "separisma aŭ kontraŭukrainia litera-
turo". Sur la tablo estas nur la plej lastaj aldonoj al la indundo da lib-
roj pri tio, kial Krimeo apartenas al Rusio kaj kiel CIA direktas la faŝis-
man judreĝimon en Kievo. Granda afiŝo konigas, ke Nikolaj Starikov, la
aŭtoro de dika stako da "popularhistoriaj" libroj en flava kovrilo, fine

de la semajno renkontos siajn legantojn en la kafejo de la librovendejo en la dua etaĝo. Mi maltrafos tion, sed efektive sufiĉas legi la titolojn de kelkaj el liaj libroj sur la apuda tablo: "Ukrainio. Kaoso kaj revolucio estas la armiloj de la dolaro." "Rusio. Krimeo. Historio." "Tiel parolis Stalino." "La savo de la dolaro: milito."

Dorsflanke de la plej nova libro de Starikov estas presita lia mondoklarigo en kurta formo: "Usono bezonas militon por nuligi sian enorman ŝtatan ŝuldon. Unue ili ekokupiĝis pri Libio kaj Sirio. Nun estas la vico de Ukrainio. Usono havas plurajn celojn. Detrui Ukrainion kaj vastigi la zonon de nestabileco trans la limon, al Rusio. Forpuŝi Rusion el la Nigra Maro, forigante nian floton el Krimeo. Krei apud niaj limoj absolute kontraŭrusan ŝtaton en kiu ĉiuj perfekte parolas la rusan." Sed Usono ja ne sukcesos en sia strebado, Starikov plu klarigas, per mallongaj frazoj: "Krimeo revenis al la Patrolando. Anstataŭ 'araba printempo' iĝis 'rusa printempo'. En Rusio ni spertas eksplodon de patriotismo. Ĉar ni kapablas unuiĝi en malfacila situacio. Rusio revenis al la geopolitiko de la grandpotencoj. Neniuj sankcioj nin timigos. Ni devas esti fortaj por teni la kaoson ekster la limoj de la Rusa mondo. Por ke Usono lasu Ukrainion en paco, por ke oni ne plu verŝu sangon sur niaj stratoj. Ĉar ni estas unu popolo. Kaj ĉar estas la alvokiĝo de Rusio konservi la ekvilibron de justo en la mondo."

Malantaŭ pilastro mi trovas tutan muron da libroj pri "La slava mondo". La dikaj luksslibregoj kun titoloj kiel "La estiĝo de la rusa imperio" kaj "Ŝtata ceremonio kiel programdeklaro de la potenco" sentiĝas tre aktualaj. Sed la noveldonitaj prizonaj notoj de la liberigita oligarko Miĥail Ĥodorkovskij estas montrataj sur neniu tablo. Mi klavas la nomon de Ĥodorkovskij sur la ekrano de la serĉterminalo kaj elvenas slipeto kun informo pri la ĝusta sekcio kaj breto. Fine mi trovas la libreton en nevidebla loko en la sekcio "Moderna literaturo – beletraj publicaĵoj". Lia libro certe ne vendiĝas same bone kiel fabeloj pri la sekreta cionisma mondregistaro. Speciale se oni bone kaŝas ĝin.

Cent metrojn de *Dom Knigi,* sur la dua etaĝo en unu el la sovetiaj nuboskrapuloj, mi ekvidas italan restoracion kiu logas vizitantojn per "Krimeaj semajnoj". La restoracio nomiĝas *Njokki,* tiel oni skribas la nomon de la itala pastaĵo *nokoj* en la rusa, sed anstataŭ italaj manĝaĵoj oni nun proponas tipajn ukrainajn pladojn, honore al la reunuiĝo. "Estis via, iĝis nia!" estas la slogano de la Krimeaj semajnoj. Ĝi estas skribita per grandaj literoj sur la fenestro de la restoracio, kaj per iom malpli grandaj sur la kajereto kiun mi ricevas, post kiam mi grimpis al la dua etaĝo kaj sidiĝis ĉe la interna flanko de la fenestro, kun vidaĵo al la nubskrapuloj sur la alia flanko de Novij Arbat.

La kajero nomiĝas "Krimeaj novaĵoj" kaj estas ornamita per bildo de tri sovetiaj pioniroj kun ruĝaj koltukoj, kiuj blovas fanfaron per siaj levitaj trumpetoj kun ruĝaj flagoj. Fone videblas kruta rokaĵo en la maro. La foto montras Artekon, la legendan pioniran tendaron ĉe la suda bordo de Krimeo. Sur pli granda foto, apud la pioniroj, la partiestro Nikita Ĥruŝĉov ridetas kontente, kun kvar maizospikoj en la sino. "Ni montros al vi kie plejo plejas", li diras en la teksto sub la bildo, precize kiel li iam diris en la ĝenerala kunsido de Unuiĝintaj Nacioj. Ĝuste Ĥruŝĉov en 1954 transdonis la ĝis tiam rusian Krimeon al la Ukraina soveta respubliko, kiel memordonacon okaze de la tri-centjariĝo de la traktato de Perejaslav el 1654. En la sovetia kaj rusia trakto de la historio oni vidas la jaron kiel la momenton de la "reunu-iĝo" de Rusio kaj Ukrainio. La bildo de Ĥruŝĉov estas tipa manifestiĝo de moskva ironio. Jes, ni ŝercas pri la reunuiĝo, ja ne eblas tute serioze sin teni al la oficiala patriota retoriko – sed kompreneble ni estas *por*, kredu nenion alian! Nun ja Krimeo estas nia!

Mi estas en Moskvo por renkonti Irina Proĥorova, unu el la mal-multaj gvidaj politikistoj en Rusio, kiuj malferme deklaras, ke ili ne subtenas la anekson de Krimeo. Ĝuste tial ŝi devis forlasi la estran pos-tenon en la liberala opozicia partio Civitana Platformo.

La partio origine estis fondita de ŝia frato, la riĉega financulo Miĥail Proĥorov. En la prezidenta elekto de 2012 li plej klare kontras-tis al Vladimir Putin, eĉ se oni regule akuzis lin pri sekreta interkon-sento kun la potenculoj.

Antaŭ la prezidenta elekto Putin kiel kutime rifuzis partopreni en televidaj debatoj. Tio estis sub lia digno – kaj krome li ja povus malgajni. Tial li anstataŭe sendis sur la scenejon siajn elektitajn reprezentantojn.

Miĥail Proĥorov decidis fari same. Li sendis sian fratinon Irina Proĥorova, literaturscienciston kaj ĉefon de eldonejo. Ŝiaj trankvila logiko kaj timige precizaj scioj en momento faris el ŝi tutlandan famu-lon. En la debato ŝi neniigis la reprezentanton de Putin, kaj certe farus la samon kun Putin – se li kuraĝus partopreni. "Ŝi ja estas tiu, kiu iĝu prezidento", multaj diris post la debato. La sekvan jaron ŝi estis elek-tita kiel la posteulo de sia frato sur la gvida posteno de Civitana Plat-formo. Sed en julio 2014 ŝi decidis eksiĝi, ĉar la majoritato de la partia gvidantaro aliĝis al la registara linio kaj subtenis la anekson de Krimeo. Tion ŝi ne povis akcepti.

Irina Proĥorova renkontas min en sia oficejo en la eldonejo NLO, nur kelkcent metrojn de la placo Puŝkin, kie dekmiloj da moskvanoj fine de septembro kolektiĝis por manifestacii kontraŭ la milito en Ukrainio. Ŝi iris pinte de la procesio, apud alia opozicia gvidanto, Boris Nemcov.

– Tie mi renkontis preskaŭ ĉiujn miajn kamaradojn de la universitato, ŝi ridas.

Ĉe la placo Puŝkin situas ankaŭ la unua McDonald's de Sovetio. Kiam la tujmanĝejo estis malfermita la 30-an de decembro 1990, la okazaĵo aspektis kiel simbolo de la nova malfermeco en la Sovetio de Miĥail Gorbaĉov. La okcidenta priserva kulturo, kun vendistoj kiuj ne kriegas al la aĉetantoj, estis io sensacia por la moskvanoj, kaj same estis la modernaj, brile puraj necesejoj. En la unua tago la restoracio havis 30 000 vizitantojn, kaj ankoraŭ dum kelkaj jaroj, ĝis la serva sektoro de la rusia ekonomio komencis evolui, homoj staris en longaj atendovicoj ekster ĉi tiu plej granda McDonald's de Eŭropo. Sed nun ĉi tie estas tute senhome, nur kelkaj neinformitoj aliras la ŝlositajn pordojn por vidi, kio estas skribita tie:

"La tujmanĝejo estas fermita pro teknikaj kialoj. Ni petas vian komprenon." La teknikaj kialoj rilatas al la sanitaraj aŭtoritatoj de Moskvo, kiuj subite malkovris, ke la rutinoj de la imperiisma tujmanĝejo rilate prizorgadon de ruboj ne plenumas la striktajn rusiajn regulojn. Laŭ la aŭtoritatoj estas kompleta koincido, ke pluraj manĝejoj de McDonald's subite estis trafitaj de fulmrapidaj kontroloj kaj devis esti fermitaj, post kiam McDonald's mem decidis fermi siajn tri manĝejojn en la okupita Krimeo.

Apud la fermita usona restoracio malfermis siajn pordojn malgranda vestobutiko. La vendejo, kies montrofenestro estas ornamita per betuloj, laŭ rusoj la plej rusa el ĉiuj arboj, vendas nur unu varon: T-ĉemizojn kun portretoj de la prezidento. Tio estas ankaŭ la nomo de la butiko: "Ĉemizoj kun la prezidento – subtenu Rusion!" estas skribite sur la ŝildo. Sur la ĉemizoj kiuj pendas en la fenestro la prezidento ridetas enigme, li aperas en militista uniformo, kun la rusia flago en la fono, aŭ la teksto "Armeo de Rusio", li estas vestita en malhela kompleto kun veŝto, li iras renkonte al ni kun unu mano en la poŝo kaj la vortoj "Krimeo estas nia" super sia ŝultro. La muskoleca prezidento estas vestita en ruĝa ĉemizo kun la olimpikaj ringoj, aŭ en nigraj okulvitroj kaj la dika vintra mantelo de la rusia armeo. "They are patriots. You?" estas skribite sur ĉemizo kun bildo de la prezidento kaj la ministro de eksterlandaj aferoj. Ambaŭ iras kun decidaj paŝoj, vestitaj en kompletoj kun veŝto, blanka ĉemizo kaj kravato. La prezidento havas nigran kompleton, la ministro de eksterlandaj aferoj devis kontentiĝi per griza. Plia prezidento en nigra kompleto kun veŝto staras tuj antaŭ la montrofenestro kiel kartona figuro. La malnovmoda kompleto kun veŝto kaj la pozo de la prezidento pensigas pri la ikoneca sovetia bildo pri Lenino. Tamen la prezidento ne havas ĉapon.

La sola ĉemizo sen bildo de la prezidento anstataŭe montras maskitan soldaton en nemarkita, kamufla uniformo, kun kalaŝnikova mitraleto en la mano. "Ĝentileco konkeras urbojn", estas skribite sur la ĉemizo.

La oficejo de Irina Proĥorova, kiel dirite, situas nur kelkcent metrojn de la ĉemiz-butiko, en pompa sovetia bankpalaco en klasika stalina stilo. La konstruaĵo nun apartenas al la financa imperio de ŝia frato. En la sama ejo troviĝas ankaŭ la fondaĵo de Miĥail Proĥorov, kiu disdonas subvenciojn por kultura agado diversloke en Rusio. La laboron de la fondaĵo gvidas Irina Proĥorova. Ŝia eldonejo, kiu publikigas la plej bonan literaturan almanakon en Rusio, eble estas ekonomie dependa de la financaj entreprenoj de ŝia frato – eldonado de kvalita literaturo ne estas brila negoco en la hodiaŭa Rusio. Sed la decidojn ŝi faras mem. Ŝi estas universitate edukita literatursciencisto kaj jam en Sovetio laboris kiel redaktoro de literatura periodaĵo. Ĝuste en kulturo ŝi trovas aeron por spiri nun, kiam la pseŭdopatriota histerio preskaŭ plene malebligis ĉian politikan agadon.

– Mi vivis pli ol duonon el mia vivo en Sovetio, kaj mi memoras, kiel homoj eĉ dum la sovetia tempo sukcesis esprimi aliajn valorojn. Mi esperas, ke ni povas daŭrigi tion ene de la kulturo. Tamen ja ekzistas multegaj homoj, al kiuj ne plaĉas tio kio okazas en la lando.

La universitataj kamaradoj, kiuj partoprenis la grandan manifestacion kontraŭ la milito en Ukrainio, apartenas al tiu grupo. Sed eĉ en la iam relative liberala Moskvo la granda majoritato nun subtenas la politikon de la prezidento en Ukrainio kaj la anekson de Krimeo.

Irina Proĥorova decidis demisii kiel partiestro, ĉar ŝi diference de multaj sampartianoj opinias, ke la anekso de Krimeo nur kondukas Rusion pluen laŭ la malĝusta kurso, kiun la nunaj gvidantoj de la lando elektis.

– Mi opinias, ke ĉi tiu historio kun Krimeo havos tre negativajn konsekvencojn por nia tuta lando. Ĝi ja estas ankaŭ mia lando, kaj mi amas mian landon. La provo pentri ĉiujn kontraŭulojn de la anekso kiel iajn perfidulojn, nepatriotojn, estas tre trista kaj malagrabla. Mi mem ja opinias, ke patriotoj estas ĝuste ni.

Ŝi atentigas, ke la internacia statuso kaj la ekonomio de Rusio jam multe suferas pro la anekso.

– Mi ŝatus erari, sed ni ja vidas kiel ŝanĝiĝas la situacio. Mi komprenas, ke politiko estas la arto de la eblaĵoj, sed ĉi tiu demando estis por mi tute principa. Kiel oni sin tenas al Krimeo kaj Ukrainio estas angula ŝtono en la politiko. Partio, kiu prezentu alternativon, partio kiu estas en opozicio al la potenculoj, tia partio devas esti klara en sia sinteno en ĉiu tiuj demandoj.

La kialo, pro kiu tiel multaj eĉ inter la gvidantoj de la partio aprobis la anekson estas, ke la lando daŭre, 23 jarojn post la disfalo de Sovetio, plu suferas de imperia sindromo, diras Irina Proĥorova.

– La homoj ne sukcesis krei alian fundamenton por sia identeco. Tio, kio okazis en Krimeo, tuŝas ion ekstreme centran en la rusia kolektiva konscio kaj memoro. Krimeo ĉiam estis speciala, mita loko por rusoj.

Sed la imperia sindromo en si mem estas nenio speciale rusia, Irina Proĥorova aldonas.

– Peter Englund bonege priskribis, kiel la svedoj bezonis preskaŭ du jarcentojn por liberiĝi de sia imperia komplekso. Por ĉiu grandpotenco temas pri enorma traŭmato, kaj daŭras multajn jarojn liberiĝi de la imperiaj revoj.

Rusio tamen survojis en la ĝusta direkto en la 1990-aj jaroj, kiam multaj konceptis la disfalon de Sovetio kiel liberiĝon de subpremo, ŝancon konstrui novan, pli bonan landon. Sed poste venis Putin, diras Irina Proĥorova.

– Kiam li ekhavis la potencon antaŭ dek kvin jaroj, li komplete ŝanĝis la direkton. Li komencis paroli pri la disfalo de Sovetio kiel tragedio, geopolitika katastrofo. Dum siaj dek kvin jaroj li sukcesis krei senton de nacia humiliĝo, senton kiun ni ne havis en la komenco de la 1990-aj jaroj.

Sed ĉu vere Putin kreis la senton? Eble ĝi jam ekzistis, kaj li simple uzis ĝin, mi kontraŭdiras.

– Ja klaras ke ege multaj estis skuitaj de tio, kio okazis. La vivo dum la lastaj jaroj de Sovetio estis malriĉa, lukson ni ne havis, sed se kompari kun ĉiuj katastrofoj kiuj trafis nian landon dum la antaŭaj jardekoj, oni tamen ekde iam en la mezo de la 1960-aj jaroj havis la senton de orda, paca ekzisto. Ni ne spertis militon, grandskalan politikan persekutadon aŭ malsaton. La vivo iĝis pli bona. Kaj subite oni estas trafita de revoluciaj ŝanĝoj kiuj devigas repripensi la tutan strategion de travivado, dum ĉiuj ŝparaĵoj perdas sian valoron. Tio estis malfacila precipe por la aĝaj homoj, kiam oni devas rekomenci de la komenco, kaj kompreneble tio kaŭzas reagon, oni komencas paroli pri tio, kiel bona ĉio estis antaŭe.

Multaj rusoj krome ŝajnas esti trafitaj de selekta amnezio post la disfalo de Sovetio, aldonas Irina Proĥorova.

– Eĉ homoj kiuj vivis duonon de sia vivo en Sovetio estas trafataj de la iluzio, ke ĉio aŭ almenaŭ multaj aferoj estis pli bonaj dum la sovetia tempo. Kaj dum ĉiuj ĉi tiuj jaroj oni krome plu montradis sovetiajn filmojn en televido, filmojn, kiuj kompreneble estas propagandaj. Ĉi tiuj filmoj neniam rakontas pri la veraj problemoj de la vivo dum la sovetia tempo, ili ĉiuj estas politikaj filmoj. Tial la memoro pri la sovetia realo estis anstataŭita de bildo pri ora epoko, kiu neniam ekzistis. Ĉiuj estis egalaj kaj samvaloraj, ĉio estis justa kaj tiel plu. Se oni komencas pensi pri konkretaj etaĵoj, kiel tiu aŭ alia afero efektive statis dum la sovetia tempo, do homoj ja memoras ankaŭ tion. Sed ili ignoras tion, ili ne opinias tion grava. Ili forpuŝis el sia memoro ĉion humiligan kaj maldignan en la sovetia ekzisto, restas nur idealigita bildo kiun utiligas la potenculoj.

Ekde la aŭtuno de 2013 la propagando estis laŭtigita, tiel ke estas ĉiam pli malfacile trovi lokon por alternativaj vidpunktoj. Tamen Irina Proĥorova opinias, ke la plej forta jubilado post la anekso de Krimeo jam pasis, kaj ke ĉiam pli multaj nun komencis pridubi, ĉu vere la konkero valoras la prezon, kiun ĉiuj nun devas pagi. Sed samtempe la tuta diskutklimato iĝis ege agresema, ŝi diras.

– La totala propagando, kiun ni spertas dum la lasta jaro, kompreneble kaŭzas ke homoj konfuziĝas. La agreso kaj histerio, kiujn homoj nun spertas, antaŭe ne ekzistis. Ĝi ne ekzistis, dum ni havis sendependajn amaskomunikilojn, aŭ relative sendependajn, kie oni povis aŭdi aliajn voĉojn. Multaj aŭskultis. Sed nun, kiam preskaŭ ĉio estas konformigita, mankas la antiveneno kiu helpus kontraŭ la histerio.

Kiam la ĝentilaj soldatoj en verdaj uniformoj faris sian puĉon kaj organizis referendumon en Krimeo, ne nur la okcidentaj spertuloj pri Rusio ĝis la lasta momento esperis, ke Rusio tamen ne aneksos la duoninsulon. Same pensis la plej multaj en la ĉirkaŭaĵo de Irina Proĥorova en Moskvo.

– Preskaŭ ĝis la lasta momento ni kredis, ke tamen devas esti ia logiko. Kiam la anekso tamen okazis, tio estis enorma bato al ni. Eble eĉ ne tiom la anekso mem, kiom la enorma ekzaltiĝo pro ĝi. Tio estis la plej aĉa afero, kaj ĝi devigis nin refoje rigardi la staton de la socio, pripensi kiel oni povus kontraŭlabori ĉi tiun imperian sindromon, ĉar ĝi kondukas la tutan landon al ege danĝeraj vojoj.

Sed ĉu vere la enorma ondo de eŭforio post la anekso estis kompleta surprizo?

– Antaŭ ĉio mi estis surprizita de tio, kiel multaj estis trafitaj de ĝi. Evidente en ĉiuj landoj ekzistas certa, eĉ relative granda kvanto da homoj, kiuj ĉiam pretas jubili pri militaj konkeroj. Sed unu afero estis interesa – plej multe ŝajnis ĝojegi tiuj, kiuj estas dungitaj de ŝtataj sekurec-organizaĵoj. Pri tio mi ne havas ciferojn, nur miajn proprajn observojn. Sed tiuj, kiuj ne estas same dependaj de la ŝtataj instancoj, havis pli variajn opiniojn, kaj multaj tute ordinaraj homoj miris, por kio ni entute subite bezonas Krimeon.

Ja ekzistas ciferoj pri la popola subteno al la politiko de Vladimir Putin. Tuj post la venka milito en Kartvelio en la somero de 2008, antaŭ la komenco de la ekonomia krizo, la subteno atingis sian historian pinton. Tiam laŭ la sendependa opini-instituto Levada eĉ 88 procentoj el la pridemanditoj diris, ke ili pli subtenas ol ne subtenas la politikon de Putin. Poste la subteno malrapide sinkis al sia historie plej maltalta nivelo en novembro 2013 – nur 61 procentoj.

Tia popola subteno komprenable estus la pinto de ĉiuj revoj por ajna gvida politikisto en okcidenta demokratio, kie ekzistas veraj alternativoj kaj fortaj kritikaj voĉoj. Sed ĉio tio mankas en la Rusio de Putin. La tuta sistemo estas konstruita sur la premiso, ke neniuj alternativaj solvoj al la problemoj de Rusio povas esti permesitaj, nek konkurantaj politikaj fortoj – tuj kiam tiuj ŝajnas povi minaci la potenculojn, ili estas haltigitaj en unu aŭ alia maniero. La sola alternativo al la stabileco de Putin estas kaoso kaj disfalo, trumpetas la ŝtataj amaskomunikiloj. Tial la potenculoj havas problemon, se la subteno por la politiko de la prezidento, la politiko de la sola alternativo, falas sub du trionojn. Tio signifas, ke multaj opinius absolute kiun ajn pli bona prezidento ol Putin.

Sed tuj post la milita operaco en Krimeo ĉiuj problemoj pri la opiniciferoj estis forblovitaj. La okazaĵoj en Ukrainio estis lerte uzataj en la ŝtata propagando. En la televidilo ĉio aspektis kiel kunordigita okcidenta atako kontraŭ Rusio kaj la rusoj, atako, kiun oni devas haltigi je ajna prezo. Kaj en la komenco de marto, post kiam la ĝentilaj soldatoj sukcese sturmis la parlamentejon en Simferopolo, la subteno de Putin kreskis al 72 procentoj. Ĉiuj ja sciis, ke estis rusiaj soldatoj, eĉ se la rusia ministerio de eksterlandaj aferoj insiste neis tion. Fine de marto, kiam la aneksado estis finita, la cifero atingis 80 procentojn, kaj dum la somero la linio daŭrigis sian leviĝon. En oktobro la subteno por Putin, kiel dirite, denove atingis la historian pinton de 88 procentoj – la saman ciferon, kiel tuj post la milito en Kartvelio 2008.

Eĉ pli interese estas rigardi, kiom da homoj volas, ke Vladimir Putin restu prezidento ankaŭ post la sekvaj elektoj, kiujn oni laŭ la konstitucio devas aranĝi en 2018. En oktobro 2013 multaj rusianoj fakte opiniis, ke jam sufiĉas, eĉ se la politiko de Putin ja laŭ ili principe estis en ordo. Tiam nur 33 procentoj el la pridemanditoj volis, ke li restu dum plia sesjara mandatperiodo, laŭ Levada. La cifero tiam jam de proksimume unu jaro estis praktike senŝanĝa. Sed post la okazaĵoj en Ukrainio la stabileco de Putin subite denove estas tre populara: en novembro eĉ 54 procentoj el la pridemanditoj volis, ke li restu prezidento ĝis la jaro 2024. La plej danĝera alternativa kandidato, la komunisto Gennadij Zjuganov, ricevis la subtenon de malpli ol 5 procentoj.

Oni tamen povas demandi sin, ĉu vere la subteno de la prezidento efektive tiom kreskis – aŭ ĉu temas pri tio, ke pli da homoj estas singardaj kaj ne plu volas publike diri, ke ili ne ege admiras la prezidenton. Irina Proĥorova havas la senton, ke la subteno ne estas tute tiel stabilega kia ĝi povas ŝajni.

– Ja evidentas, ke la entuziasmo devas denove iom post iom malkreski post ĉi tiu nekredebla ekstazo. Oni komencas rimarki la negativajn aferojn, kiuj ja okazas. La elekto de manĝaĵoj en la vendejoj malpliiĝis pro la rusiaj kontraŭsankcioj, kaj la prezoj altiĝis. Elspezoj devas esti forstrekitaj en la buĝetoj de la regionoj, ĉar la mono estas bezonata en Krimeo. Certe oni povos ankoraŭ dum iom da tempo kriaĉadi, ke la malbenitaj usonanoj kulpas pri ĉio, kaj tiel plu. Sed ĉi-rilate mi fakte kredas, ke oni povas havi utilon de la memoro pri Sovetio. Ĉar tie oni trovas ne nur la idealigitan bildon, tie estas ankaŭ memoroj pri tio, kiel oni povas kontraŭstari la propagandon. Ankaŭ tiu flanko de la afero komencas nun enŝaltiĝi.

La sovetiaj memoraĵoj kiuj reviviĝas signifas ankaŭ, ke multaj ne plu volas malferme diri, kion ili pensas, se la pensoj ne akordiĝas kun la politiko de la registaro, diras Irina Proĥorova.

– La sovetiaj refleksoj, kiuj enŝaltiĝis, signifas ke multaj nun estas singardaj pri tio, kion ili diras. Tial mi kredas, ke multaj, kiuj diras ke ili subtenas ĉi tiun politikon, ne nepre diras la veron. Tion ni ne povas scii – ili evitas preni riskojn. Eĉ se opiniesploroj devas esti anonimaj, ili pensas, ke tamen eblas elkalkuli, kiu respondis kion. Ni ne havas liberan publikan opinion, tial estas neeble scii, kia estas la vera bildo.

En Krimeo evidentis, ke tiuj, kies sinteno akordiĝis kun la politiko de la rusia registaro, volonte rakontis al mi pri siaj pensoj – ne malofte per la samaj vortoj kiujn uzas la oficiala propagando. Sed estis multe pli malfacile igi homojn kun alia opinio malferme paroli kun fremdulo, mi rakontas.

– Precize. Tial tute maleblas diri, kiel multaj havas devian opinion. Sed ĉiuokaze multaj sentas malkomforton pri tio, kio okazas, kaj pretas aŭdi kontraŭargumentojn.

Por igi homojn pensi ekster la propagandismaj ŝablonoj, per kiuj ili ĉiutage estas nutrataj, oni devas ŝovi la diskuton al alia, pli konkreta nivelo, diras Irina Proĥorova. Anstataŭ paroli pri geopolitiko kaj nacia sekureco oni povas ekzemple paroli pri la ĉiutaga vivo, kaj kiel oni vivu en konkordo kun siaj najbaroj kaj amikoj.

– Mi mem havis interesan sperton antaŭ kelkaj semajnoj, kiam mi partoprenis en rekta elsendo en radio. Estis en Govorit Moskva, stacio kiu tute lojale proksimas al la oficiala linio. Mi klarigis miajn pensojn rilate Ukrainion. Komence multaj telefonis kaj plendis ke mi ne estas rusa patrioto kaj tiel plu, ili babilis pri nacia sekureco. Mi diris al la aŭskultantoj, ke ili ĉiuj certe havas multajn amikojn. En Rusio homoj ĉiam elturniĝis, ĉar ili helpis unu la aliajn. Ili helpas al vi, kaj vi helpas al ili. Oni povas prizorgi sian propran sekurecon ankaŭ en alia maniero, daŭre plendante pri aliaj, denuncante ilin al la aŭtoritatoj, skribante, ke tiu estas aĉulo, tiu alia bruas nokte kaj tiel plu. Sed tamen pli bone estas provi kompromisi kaj esti amiko kun ĉiuj. Kial oni malamikiĝu kun la tuta mondo, mi demandis, ĉu vere necesas ke ni kraĉu rekte en la vizaĝon de ĉiuj ĉirkaŭ ni? Kaj tiam oni povis vidi, kiel mi ricevis pli kaj pli da subteno en la telefona voĉdonado, finiĝis tiel, ke 45 procentoj de la aŭskultantoj estis sur mia flanko.

Ofte ĝuste tiuj, kiuj plej laŭte subtenas la oficialan linion estas malcertaj pri tio, kion ili vere mem opinias, diras Irina Proĥorova.

– Kiam iu homo estas certa pri sia afero, li ne sentas bezonon konvinki sin mem kaj aliajn. Sed se li estas malcerta, tio ofte kondukas al agresa konduto pro sento de malkomforto. Kaj kiam oni komencas paroli kun tia homo, povas okazi interesaj aferoj, subite povas montriĝi, ke li pretas aŭskulti raciajn argumentojn.

Mi rakontas, ke mi en Krimeo aŭdis pri pluraj personoj, kiuj antaŭe estis lojalaj ukrainiaj civitanoj, sed subite komplete turniĝis kaj iĝis entuziasmaj patriotoj de Rusio.

Malcertaj personoj ofte volas transsalti al la flanko de la gajninto – kaj poste konvinki sin mem kaj ĉiujn aliajn, ke ili faris la ĝustan elekton, opinias Irina Proĥorova.

– Estas bedaŭrinde tute homa trajto, ke oni volas esti sur la flanko de la fortulo, en tio estas nenio specife rusa. Sed la imperia sindromo estas ege forta en Rusio, ĉar la traŭmato post la falo de Sovetio estis tiel profunda. Ni devus ĉesi plori pri tio, kio iam estis, sed por tio necesas tempo, necesas klerigo, kaj necesas ke multaj eraraj decidoj, kiuj estis faritaj poste, estu korektitaj. Nur tiam oni povos liberiĝi de la imperia pensado.

Jam antaŭ la anekso de Krimeo la ekonomio de Rusio estis en krizo. La kresko preskaŭ haltis kaj la prognozoj indikis stagnadon dum la proksimaj jaroj. La anekso kondukis al rapide kreskantaj problemoj pro plia nesekureco, kiu kaŭzis fuĝadon de la kapitalo, pro la sankcioj de la ĉirkaŭa mondo, pro la propraj kontraŭsankcioj de Rusio – kaj la enormaj kostoj, kiujn kaŭzos la bezonata modernigo de la infrastrukturo en kaj ĉirkaŭ Krimeo. Ankaŭ la altigitaj socialaj kostoj kaj salajroj en la publika sektoro en Krimeo estas pezaj kostoj por la ŝtata buĝeto de Rusio. La kostojn eĉ pli kreskigas la promeso, kiun faris Vladimir Putin en sia ĉiujara parolado al ambaŭ ĉambroj de la parlamento: krimeanoj kun infanoj naskitaj en kaj post 2007 ricevos la grandan patrinan kapitalon, kiun oni pagas al familioj kun pli ol unu infano.

Kiam samtempe falas la prezo de nafto, kaj sekve tergaso – kiuj kune donas du trionojn el la eksportaj enspezoj de Rusio – evidentas, ke la plej multaj rusianoj baldaŭ rimarkos la ekonomiajn problemojn en sia monujo. Kaj fine de 2014 la rusia rublo komencis rapide perdi sian valoron. Prezidento Putin admonis al trankvilo kaj klarigis, ke tio ekvilibrigos la ŝtatan buĝeton, ĉar la ŝtato nun ricevos minimume same multe da rubloj por la eksportata nafto kiel antaŭe – oni ja vendas la nafton kontraŭ dolaroj. Sed tio ne multe konsolas ordinarajn rusianojn, kiam ilia aĉetpovo rapide erodiĝas dum ĉiuj importitaj kaj la plej multaj rusiaj varoj plikostiĝas, kaj la salajroj ne altiĝas.

La demando do estas, ĉu la konkero de Krimeo sufiĉas, aŭ ĉu bezonatas novaj venkoj por fortiri la atenton de la ekonomiaj problemoj. Irina Proĥorova estas malcerta.

– Tion ne eblas antaŭvidi, sed Krimeo estas tre malbona ekzemplo. Se oni rezignas pri la celo evoluigi Rusion ekonomie, uzi niajn rimedojn por krei modernan landon, kaj anstataŭe uzas ĉiujn fortojn por restarigi la malnovajn limojn de la imperio, tiam oni jam veturas laŭ komplete malĝusta vojo. Kaj tute logike tio signifas ankaŭ, ke ekzistas la risko de recidivo. Mi tre ŝatus erari, mi volas esperi, ke Krimeo kaj Ukrainio estis leciono, kiu montris, ke ĉi tian aferon oni ne faru refoje. Sed mi ne scias. Jam ne eblas certi pri io ajn, ĉar tio, kio okazis pri Krimeo, vere estis turnopunkto, kies sekvojn ni ne povas koni. Kaj la okazaĵoj kompreneble kaŭzis maltrankvilon en ĉiuj iamaj sovetaj respublikoj, en orienteŭropaj landoj, en Finnlando, ĝenerale en ĉiuj landoj, kiuj en ajna maniero havis historiajn ligojn kun Rusio.

La agado de Rusio fulmrapide detruis tiun fidon, kiun oni malrapide konstruis post la disfalo de Sovetio, diras Irina Proĥorova.

– Por mi persone tio estas tragika, ĉar dum pli ol dudek jaroj mi kaj miaj kolegoj klopodis krei funkciantajn kulturajn kontaktojn kun la ĉirkaŭa mondo. Ni provis konvinki homojn, ke ni nun vivas en alia epoko, ke Rusio ne plu volas uzi perforton kaj devigon kontraŭ aliaj landoj. Kaj ni sukcesis ekigi bonan interŝanĝon, eĉ kun Pollando, kie la malfido estis tre forta en la 1990-aj jaroj. Estas tre malĝojige, ke ĉio ĉi nun kolapsas. Eĉ se la politikistoj poste trovos solvon, oni denove semis malfidon, kiu restos longege. Kaj tiu malfido antaŭ ĉio trafas la demokratiajn fortojn en Rusio, ĝi trafas nin, kiuj ne volas denove vivi en izolita socio.

Sed dum en la najbaraj landoj malfidon vekis la agado de Rusio, multaj en Rusio mem estas konvinkitaj, ke ĝuste la ĉirkaŭa mondo agis maljuste kaj agreseme kontraŭ Rusio. Multaj ĉi tie entute malfacile komprenas, ke aliaj povas senti minacon flanke de Rusio. Kial, mi miras.

– Por kompreni tion ni devas rigardi al la historio de Rusio. Ni havis longajn periodojn, dum kiuj Rusio izolis sin de la mondo, kaj malpli longajn, dum kiuj Rusio malfermiĝis al la ĉirkaŭa mondo. Mi kredas, ke la memizola periodo, en kiu ni nun troviĝas, sekvas malnovan skemon, malnovan stereotipon, kiun uzis ankaŭ Stalino. Dum la sovetia periodo ĉi tiu penso estis grava parto de la mondopriskribo: Rusio estas ĉirkaŭata de malamikoj, Rusio estas granda kaj potenca, kaj tio signifas, ke ĉiuj envias nin, ĉiuj malamas nin kaj tiel plu. Ĉi tiu modelo de klarigado funkciis bone en kombino kun la memizoliĝo. Kaj precize tion ni vidas nun.

Dum la lasta jarcento la rusia imperio disfalis dufoje. Post la oktobra revolucio en 1917 sekvis sanga interna milito, la lastaj restaĵoj de la blanka registaro fuĝis al Krimeo, kaj nur en 1920 la ruĝa armeo sukcesis repreni la duoninsulon. Post la dua mondmilito Stalino provis kunglui la rompopecojn kaj denove subigis la ĉefan parton de la iama rusia imperio al la regado de Moskvo.

En 1991 la imperio disfalis duan fojon. Spite aron de lokaj konfliktoj kaj minoraj militoj en la periferaj regionoj de la imperio, la malintegriĝo tamen okazis ĉefe pace. Sed ĝuste ĉi tiu disfalo estis la plej granda geopolitika katastrofo de la jarcento – tion opinias, kiel konate, Vladimir Putin, kaj multaj kun li. Multaj sopiras hejmen al Sovetio. Pleje sopiras ofte rusoj, kiuj post la disfalo de la imperio trovis sin ekster la limoj de la nova Rusio, kaj kiuj anstataŭ majoritato nun apartenas al malplimulto.

Kiam grandaj imperioj averias, ne eblas antaŭvidi la sekvojn. La plej multaj eble atingos la bordon. Iuj dronas. Sed multaj provas savi sin, ligante sin al la flosantaj pecoj kaj revante pri la oraj tagoj de la grandeco. Tiaj revoj estas danĝeraj.

Se konsideri, ke Rusio tamen estas la plej granda lando de la mondo, efektive estas iom ridinde aserti, ke Rusio dum sia tuta historio estis ĉirkaŭata de mavaj malamikoj, kies plej grava deziro estis dispecetigi la landon, opinias Irina Proĥorova.

– Mi povus kompreni tian rezonadon, se Rusio estus samgranda kiel Danio. Sed kiel do Rusio sukcesis iĝi tiel granda, se la tuta mondo estas niaj malamikoj?

La rakonto pri la malamika ĉirkaŭaĵo, kiun oni aŭdas ĉie, bone akordiĝas kun la nun okazanta militigo de la tuta rusia socio, kredas Irina Proĥorova.

– La konscio de la homoj estas militigata denove. En la 1990-aj ni havis malmilitigon, oni anstataŭe prioritatigis evoluon, kaj la tuta ideo pri malamikoj ŝajnis eksa. Anstataŭe oni laboris por paca kunekzistado, oni evoluigis ekonomiajn kaj kulturajn kontaktojn. Kaj tio vere kaŭzis, ke oni ĉesis vidi ĉie malamikojn. Sed nun ni denove revenis al tiu eksmoda pensado.

La nacia humiliĝo, kiun multaj spertis en la 1990-aj jaroj, postulas nacian rehonorigon, oni diras. Sed anstataŭ konstrui modernan, bonfartan Rusion, kie estas bone vivi, la solvo ial iĝas ke oni fortigas la armeon kaj bruas per armiloj por gajni la respekton de la ĉirkaŭa mondo. Sed tiam oni miskomprenis ĉion, diras Irina Proĥorova.

– Oni intermiksis du tute malsamajn aferojn. La recepto estas komplete eksmoda. Ni volas, ke oni respektu Rusion, la homoj diras. Jes, tre bone. Tion ni ja ĉiuj volas, respekton. Sed ial oni daŭre intermiksas respekton kaj timon. Se rabisto enŝteliĝas en vian loĝejon, vi certe timos lin. Sed ĉu vi respektos lin? Respekton oni ne atingas minacante aliajn.

Grandparte temas ankaŭ pri heredaĵo de la sovetia tempo, de la sovetia propagando, kiam oni distrumpetis, kiel forta milita potenco Sovetio estas, opinias Irina Proĥorova.

– Por la kolektiva konscio gravas, ke ni loĝu en granda, potenca lando. Por iama imperio malfacilas esti senpretenda. Ni eble ne povas esti la plej bonaj en la mondo, kiam temas pri ekonomio, sed ni ĉiuokaze estas pli spiritaj ol la homoj en la okcidento, kaj krome ni havas pli fortajn armilojn, oni pensas. Temas pri ia posttraŭmata sindromo post la disfalo de la imperio. Estas sindromo, kiun trasuferis ĉiuj imperioj disfalintaj dum la 20-a jarcento, en tiu aŭ alia maniero. Ne estas facila tasko helpi la socion liberiĝi de ĉi tio. Sed tiu estas la plej grava afero, kiun la rusia intelektularo havas en sia tagordo nun.

Kiam mi demandas la literaturscienciston Irina Proĥorova, ĉu ekzistas rusiaj aŭtoroj, kiuj jam priverkis la okazaĵojn en la nuna rusia socio, ŝi ne bezonas longe pripensi. Sed la libro kiun ŝi nomas ne estas nova, ĝi estis verkita en la 1970-aj jaroj. Eble vere Rusio mense revenadas al la malfrua sovetia epoko?

La libro estas la romano *Ostrov Krim* ("La insulo Krimeo") de la ekzilsovetia aŭtoro Vasilij Aksjonov, la sama libro, pri kiu mi mem pensis dum mia vizito en Krimeo.

– Estas strange, sed neniu alia same trafe priskribis tiun gravitadon al la centro, ĉi tiun imperian revon, kiu logas homojn al si. La tuta libro ja temas pri tio, kiel la homoj sukcesis krei malgrandan insulon de libereco, almenaŭ en Krimeo, sed ili estas rekaptitaj. Kaj multaj el ni spertis, ke Moskvo estis tia insulo de libereco en la postsovetia Rusio. Sed la homoj estis logitaj reen, ili pretis fordoni karajn valorojn, ĉar ĉi tiu imperio tiom gravas por ili. Ili lasas sin delogi de la ideo pri unuigita imperio.

Sed precize kiel prognozis Irina Proĥorova, la ebriiga revo pri la imperio jam kaŭzas seriozan kapdoloron al Rusio.

Kiam Vladmir Putin en februaro 2014 decidis sendi siajn trupojn al Krimeo, Rusio ŝajnis forta. La lando ĵus aranĝis sukcesajn vintrajn olimpikojn en Soĉi, la buĝeto estis ekvilibra, dolaro kostis nur 35 rublojn kaj la prezo de nafto, la ĉefa eksportaĵo de Rusio, estis je la pli ol kontentiga nivelo de 110 dolaroj por barelo. Etan anekson Rusio facile povis entrepreni.

Unu jaron poste ĉio estas ŝanĝita. La ekonomio de Rusio suferas grandajn malfacilaĵojn, kaj la lando respondis al la ekonomiaj sankcioj de la okcidento per malpermesoj de importo, kiuj antaŭ ĉio trafis la propran loĝantaron, kiam la proponado de nutraĵoj estis limigita kaj la prezoj altiĝis. La prezo de nafto duoniĝis dum kelkaj monatoj, kaj preskaŭ la sama sorto trafis la rusian rublon. Fine de februaro 2015 dolaro kostis pli ol 60 rusiajn rublojn.

Tio siavice altigis la prezon de preskaŭ ĉio. La krimeanoj kiuj ĵus povis ĝoji pri siaj duobligitaj salajroj, nun rimarkas ke la rusia mono ne plu valoras same multe. Krome jam cirkulas informoj, laŭ kiuj la altigitaj salajroj ene de la publika sektoro en Krimeo baldaŭ eble denove estos malaltigitaj. En la rusia federacia buĝeto simple mankas mono. La krizo trafas ankaŭ Ukrainion, kio interalie signifas, ke la elektro al Krimeo kelkfoje estis komplete malŝaltita. Ĉar la duoninsulo mem ne havas sufiĉan produktadon de elektro, la interrompoj kaŭzis, ke grandaj partoj de Krimeo restis sen elektro.

La espero pri pli bonaj tempoj sub rusia rego ne vere plenumiĝis ankaŭ en la medicina universitato de Simferopolo. Spite la leteron, kiu eble atingis Putin, la sorton de la universitato nun direktas la lokaj burokratoj. La rektoro estis eksigita, kaj spite la protestojn de la studentoj la ĝis nun sendependa medicina universitato estos aneksita de la nova Federacia universitato de Krimeo.

La sekurservoj faris ampleksan traserĉadon ĉe la krime-tatara televidkanalo ATR kaj konfiskis komputilojn, kiuj enhavas arkivajn filmojn pri la manifestacioj okazintaj ekster la parlamentejo en Simferopolo en februaro 2014. La traserĉado kaŭzis, ke la elsendoj estis portempe interrompitaj, kaj la estonteco de ATR ŝajnas malhela. La konfiskitaj arkivaj filmoj estos uzitaj en krimesplorado, kiu celas igi la restantajn gvidantojn de Meclis respondecaj pri la manifestacio la 26-an de februaro 2014. Ili povos esti kondamnitaj je longa malliberigo en rusia kortumo, kvankam Krimeo en tiu tempo ankoraŭ estis regata laŭ ukrainiaj leĝoj.

La izoliĝo disde la ĉirkaŭa mondo plu kreskas. Fine de decembro 2014 Ukrainio haltigis la tutan trajnan kaj aŭtobusan trafikon trans la krimea limo – laŭdire pro kialoj de sekureco. Ekde la komenco de 2015 oni pro internaciaj sankcioj ne plu povas pagi aŭ elpreni monon per Visa-karto en Krimeo. Eĉ la usona retpaga firmao Paypal ĉesis priservi entreprenojn kaj privatulojn kiuj troviĝas en Krimeo. Apple kaj Google malpermesis la vendadon de siaj produktoj kaj servoj en la duoninsulo, kio interalie signifas, ke oni oficiale ne plu povas aĉeti aplikaĵojn por poŝtelefonoj.

La rusiaj aŭtoritatoj siavice plu striktigis la politikajn ŝraŭbojn je kelkaj turnoj. Pluraj ĝenaj civitanaj organizaĵoj estis oficiale deklaritaj "eksterlandaj agentoj", inter tiuj ankaŭ la Soldatpatrinoj de Sankt-Peterburgo, kiuj malkaŝis, ke multaj rusiaj soldatoj pereis en orienta Ukrainio, kvankam Rusio oficiale ne partoprenas en la bataloj. Eĉ la Kontraŭtortura Komitato estis deklarita "eksterlanda agento" – la laboro kontraŭ torturo sekve nun estas komprenata kiel maniero antaŭenigi la interesojn de fremdaj potencoj en Rusio.

La frato de la opozicia gvidanto Aleksej Navalnij, Oleg, estis kondamnita al tri kaj duona jaro en malliberejo – evidenta provo silentigi Aleksej Navalnij mem. Estis murdita alia pinta opozicia politikisto, Boris Nemcov, kiu forte kritikis la anekson de Krimeo kaj la militon en Ukrainio.

La cenzuro de kritikaj interretaj paĝaroj estis striktigita, la kritika televidkanalo Doĵd perdis sian ejon, kaj en la ŝtataj kanaloj la hiperpatriota, kontraŭokcidenta retoriko atingadas novajn nivelojn de paranojo. Komenciĝis la fina batalo inter la televidilo kaj la fridujo, ironiumas la rusianoj en la reto kaj en la malmultaj restantaj liberaj amaskomunikiloj. Kiam en la fridujo ne plu videblas la ekonomia stabileco, sur kiu la populareco de Vladimir Putin longe baziĝis, tiam la televidilo devas konvinki la popolon, ke pri ĉio kulpas la malamika ĉirkaŭaĵo, kaj ke ĉiuj nun devas stari unuiĝintaj kontraŭ la komuna malamiko, kiu faras ĉion por detrui Rusion.

Fine kompreneble ĉiam venkas la fridujo. Se estos nenio por manĝi, nenia televidilo en la tuta mondo kapablos konvinki la rusianojn, ke ili ne malsatas. Sed la distanco ĝis tie longas – la plej multaj en Rusio daŭre vivas multe pli bone nun ol en la sovetia tempo. Kaj se la prezo de nafto nur iom realtiĝos, Vladimir Putin povos proponi al la spektantoj longan, zorge retuŝitan ripetan elsendon pri la stabilaj sovetiaj 1970-aj jaroj. Ĝuste tien ja tre multaj ŝajnas sopiri.

# Kronologio de okazaĵoj

**1783**  Rusio konkeras kaj aneksas Krimeon. La rusia nigramara floto ekhavas sian bazon en Sebastopolo.

**1853-55**  La krimea milito. Francio, Britio, la Otomana regno kaj Sardio volas haltigi la rusian disvastiĝon. Sebastopolo estas konkerita kaj la rusia floto neniigita.

**1917–20**  Revolucio kaj interna milito en Rusio. La lastaj restaĵoj de la blanka armeo estas evakuitaj el Krimeo en la fino de 1920.

**1942**  Nazia Germanio konkeras Krimeon.

**1944**  La sovetia armeo reprenas Krimeon. La tuta krimetatara popolo estas deklarita kunlaborintoj kun la malamiko kaj ekzilita al Centra Azio.

**1954**  Krimeo, kiu ĝis nun apartenis al la Rusia soveta respubliko, estas transdonita al la Ukraina soveta respubliko.

**1991**  Sovetio disfalas. Krimeo nun apartenas al la sendependa Ukrainio.

**2004**  La oranĝa revolucio en Ukrainio. La gajninto de la prezidenta elekto, Viktor Janukoviĉ, estas akuzita pri falsado en la elekto, kaj vastaj protestoj kondukas al nova balotado. Viktor Juŝĉenko estas elektita prezidento, Julija Timoŝenko iĝas la ĉefministro.

**2010**  Ukrainio estas grave trafita de la monda financa krizo, kaj la seniluziiĝo post la oranĝa revolucio estas granda. Viktor Janukoviĉ gajnas la prezidentan elekton. La alia kandidato, Julia Timoŝenko, estas kondamnita al prizono pro asertita misuzo de potenco, post politike motivita proceso.

**2013 Novembro**  Viktor Janukoviĉ perfidas sian promeson pri proksimiĝo al EU, rifuzas en la lasta momento subskribi ampleksan interkonsenton pri kunlaboro kun EU, kaj anstataŭe volas intensigi la kunlaboron kun Rusio. Protestoj komenciĝas en Kievo.

**Decembro**      Centmiloj da manifestaciantoj en Kievo postulas, ke Viktor Janukoviĉ subskribu la interkonsenton pri kunlaboro kun EU. Manifestaciantoj okupas la urbodomon. Vladimir Putin promesas al Viktor Janukoviĉ grandan pakaĵon de ekonomia subteno.

**2014**

**Januaro**      La protestoj fortiĝas. Oni konstruas barikadojn. La ĉefministro, Mikola Azarov, estas devigita eksiĝi.

**18.2.2014**      Batalo de la sekurectrupoj kaj la manifestaciantoj kondukas al pereo de 18 homoj.

**20.2.2014**      La bataloj inter la sekurectrupoj kaj la manifestaciantoj kaŭzas la pereon de minimume 88 pliaj homoj, kiam celpafistoj en uniformo direktas siajn armilojn kontraŭ manifestaciantoj. Malfrue vespere la parlamento decidas, ke la sekurectrupoj forlasu la centron de Kievo kaj malpermesas al ili pafi kontraŭ manifestaciantoj.

**21.2.2014**      Prezidento Janukoviĉ subskribas interkonsenton kun la gvidantoj de la opozicio, sed la interkonsento perdas sian signifon, kiam li fuĝas.

**22.2.2014**      Prezidento Janukoviĉ fuĝas el Kievo, unue al orienta Ukrainio, kaj de tie helpe de la rusia sekurservo plu al Krimeo. Post kelkaj tagoj li alvenas en Rusion. La parlamento en Kievo konstatas ke Janukoviĉ forlasis sian postenon kaj anoncas ke elektoj de prezidento okazos la 25-an de majo. Ĝis tiam la parlamentestro Oleksandr Turĉinov funkcios kiel prezidento.

**23.2.2014**      Dekmiloj da loĝantoj en la flota urbo Sebastopolo en Krimeo protestas kontraŭ la ŝanĝo de regantoj en Kievo kaj eksigas la urbestron kiu estas fidela al la nova registaro.

**26.2.2014** Granda protesto ekster la loka parlamentejo de Krimeo en Simferopolo. Du manifestaciantoj mortas pro la premo de la popolamaso, kiam rusiemaj kaj ukrainiemaj grupoj interpuŝiĝas.

**27.2.2014** Soldatoj en nemarkitaj verdaj uniformoj sturmas la lokan parlamentejon de Krimeo kaj la konstruaĵon de la registaro en Simferopolo. La registaro de Krimeo estas eksigita kaj nova, rusiema registaro starigita.

**28.2.2014** Soldatoj en nemarkitaj uniformoj ĉirkaŭas la internacian flughavenon de Simferopolo. Samtempe Rusio entreprenas grandan militan ekzercon ĉe la orienta limo de Ukrainio.

**1.3.2014** La rusia parlamento donas al prezidento Vladimir Putin sian permeson uzi rusiajn trupojn en Ukrainio. Dum la sekvaj tagoj komenciĝas enveturigado de rusiaj trupoj per pramo, trans la Kerĉa markolo. La trupoj daŭre uzas nemarkitajn uniformojn, kaj Rusio oficiale ne konfesas sian rolon en la okazaĵoj de Krimeo.

**16.3.2014** Okazas referendumo pri la statuso de Krimeo. Laŭ la oficialaj ciferoj 97 procentoj voĉdonas por aliĝo al Rusio.

**17.3.2014** La parlamento de Krimeo deklaras la respublikon Krimeo sendependa kaj tuj poste peticias, ke ĝi estu akceptita kiel parto de la Rusia Federacio.

**18.3.2014** Vladimir Putin kaj reprezentantoj de la nova respubliko Krimeo subskribas interkonsenton pri la aliĝo de la nova respubliko Krimeo al Rusio.

**23.3.2014** La lasta restanta ukrainia milita bazo en Krimeo, la flugbazo Belbek rande de Sebastopolo, estas transprenita de rusiaj trupoj.

# *Danko*

Antaŭ ĉio mi volas danki ĉiujn miajn intervjuitojn en Krimeo, en Kievo kaj en Moskvo – la ekzisto de ĉi tiu libro estas ilia merito almenaŭ samgrade kiel mia.

La esperantistoj Paŭlo, Jefim kaj Ĵenja ĉiuj havis malsamajn perceptojn pri tio, kio okazis en Krimeo kaj kial, sed ĉiuj ili estis same afablaj kaj helpemaj. Sen ilia kontribuo kaj lokaj kontaktoj estus multe pli malfacile kaj temporabe trovi taŭgajn intervjuotojn.

Stipendio de la memorfonduso de Peter Melin financis mian vojaĝon al Krimeo, Kievo kaj Moskvo, pro kio mi aparte dankas.

Pro la delikateco de la temo mi decidis skribi nur la personan nomon de la plej multaj homoj kiujn mi renkontis en Krimeo. Mi faris escepton por kelkaj personoj, kiuj havas altan postenon en nomitaj organoj aŭ kiuj pro aliaj kaŭzoj ĉiuokaze estas tuj identigeblaj. En kelkaj malmultaj okazoj mi ŝanĝis la nomon aŭ iujn nesignifajn detalojn por igi la identigon de la intervjuito malpli facila.

Krime-tatarajn nomojn, kiel Cemilev, Çubarov kaj Meclis, mi klopodis skribi laŭ la akceptita latinlitera ortografio de la krime-tatara lingvo. Principe eblus ankaŭ transskribi ilin el la pli malnova, daŭre tre uzata cirillitera ortografio: Ĝemilev, Ĉubarov, Meĝlis. Tamen, ĉar jam de multaj jaroj ekzistas akceptita latinlitera ortografio, kiun uzas interalie la krime-tatara televidkanalo ATR, mi decidis laŭeble sekvi ĝin.

Mi volas speciale danki mian edzinon Maria Sandelin, kiu zorge legis ĉion kion mi verkis kaj donis utilajn konsilojn dum la laboro.

Alex Voronov tralegis la tutan, preskaŭ pretan manuskripton kaj donis plurajn indajn proponojn de plibonigoj.

Johan Söderbäck ĉe la sveda eldonejo Atlas denove en la spirito de Anton Ĉeĥov helpis min forstreki la malbone verkitajn aŭ nenecesajn erojn, kaj en pli klara maniero ekspliki okazaĵojn, kiuj surpapere ne estis tiel memklaraj kiel al mi ŝajnis.

La Esperantan version rekte, kuraĝe kaj ne flankiĝante traboris István Ertl, kies multnombraj korektoj kaj atentigoj estis valorega helpo. Dankon ankaŭ al Ionel Oneţ kaj Lee Miller, kiuj lastmomente helpis eviti kelkajn fuŝojn. Grandan dankon ankaŭ al Ulrich Becker ĉe Mondial pro fulmrapida sed zorga eldonpretigo de la libro.

Ĉiuj restantaj eraroj en la libro komprenble estas miaj.

**Kalle Kniivilä**

# Aliaj libroj de la eldonejo Mondial

## Vivprotokoloj

de Zdravka Metz, Ulrich Becker
ISBN 9781595691378. 220 paĝoj.
Personaj vivrakontoj de esperantistoj.

Ĉiutagaj vivoj, rakontitaj de esperantistoj: Kolekto de intervjuoj (aŭ memrakontoj) de 31 esperantistoj el 14 landoj.

Desegnoj sur la kovrilo: Uday K. Dhar.

## La historio de ekonomika pensado

de Bo Sandelin, Richard Wundrak, Hans-Michael Trautwein
ISBN 9781595692641. 136 paĝoj.
Faklibro pri la historio de ekonomiko.

Per Adam Smith establiĝis la moderna ekonomiko. Nunaj novklasikuloj havas multajn ecojn komunajn kun Smith, precipe la ideon, ke ĉio estas interdependa en la ekonomio. Paralele kun la klasikismo kaj la novklasikismo, konkuraj skoloj evoluis, kiel la historia skolo kaj la marksismo en la 19-a jarcento, la instituciismo, la kejnsismo kaj la monetarismo en la 20-a jarcento.

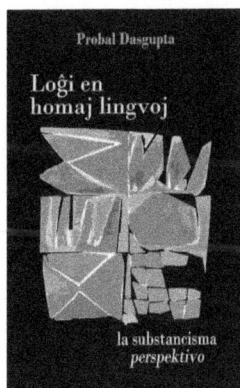

## Loĝi en homaj lingvoj: la substancisma perspektivo

de Probal Dasgupta
ISBN 9781595692146. 244 paĝoj.
Filozofia-lingvistika studaĵo el neeŭropa vidpunkto.

Ĵus eklegis la unuan ĉapitron; jam estas klare, ke la teksto montriĝos ne nur analize, sed ankaŭ distre sukcesa.)
**(Noam Chomsky)**

Frape originala kaj profunde pensiga, tiu ĉi libro estas kvazaŭ manifesto por pli intensa konversacio inter diverstradiciaj studkampoj... **(Grant Goodall)**

# Tion – kaj multon pli – malkovru en
## www.librejo.com!

*9 781595 692948*